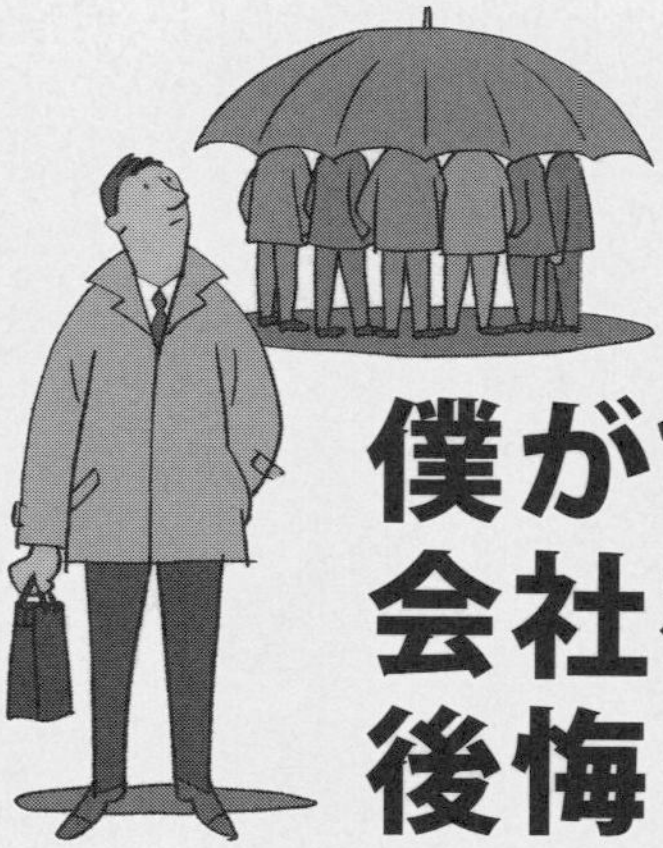

僕が18年勤めた会社を辞めた時、後悔した12のこと

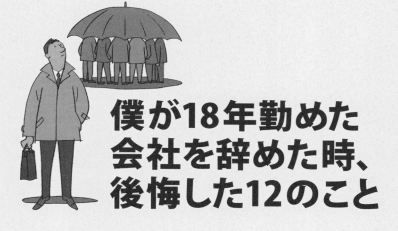

僕が18年勤めた会社を辞めた時、後悔した12のこと

目次

僕は会社を辞めた

大学を卒業後、僕はひとつの会社に18年勤めた。

残念ながら、僕の会社人としての人生は失敗だった。

40歳ぐらいの時、高い壁にぶち当たった。あろうことか四方をその高い壁に取り囲まれ、にっちもさっちもいかなくなった。

そして、42歳の時に、僕は会社を辞めた。

もちろん、周囲には前向きな退社であることを強調したけれど、本当のところは、どうしても会社に自分の居場所が見つからず、負けて、傷ついて、ボロボロになって、逃げるようにして辞めたのだった。

当時の僕の上司、優しく頭脳明晰でその後とても偉くなった人に最近会った時、そんなことをふと漏らしたら、「君が?」と、とても驚いていた。

その人は、いつも物事を前向きに素直に受け取る人だったので、辞めるという僕を、会社につながれている堅苦しい人生よりも起業という大海原へ大きな野心と希望をもって乗り出して行った、そんな風に、つまり僕がその時そう思われたいと望んだ通りに考えてくれたんだろう。

ちょうど僕が退社する頃だった。ある高級外車のディーラーと共同でイベントをやっていて、先方に出向いた時に、ショールームに飾ってあった何百万円もする高級車が目に入った。

「起業してうまくいけば、これぐらいの車はオレだって買えるようになるかもな」、僕は自分に言い聞かせるように、そのピカピカのセクシーな車体を手でなぞってみた。

が、なぜか心はときめかなかった。

そんな外車を買うほど儲けるという自信はかけらもなく、目の前にたとえポルシェをぶら下げられても、それで胸をときめかせるような精神状態ではないということを自分で確認しただけだった。

実のところ、僕はリッチになりたいわけではなかった。

当時、会社は様々な改革の途上にあり、筋肉質な組織に生まれ変わるために血を流していた。僕の名刺からもマネージャーという文字は消え、専任課長という肩書に変わった。その上、マネージャーでないものは肘掛け椅子に座ってふんぞり返っていてはならんというお達しがきて、僕の椅子は肘掛けのないものに取り替えられていた。

十数年かけてやっとその椅子を自分のものにしたのに、僕の肘は行き場を失った。

悲しかった。

しかし、それはまだ始まりに過ぎず、経営の引き算につぐ引き算は、まだまだ続くと社内で噂されていた。


40代の働き盛りを、引き算しかない環境の中で過ごすのだと考えると、当時の僕は会社に残って頑張ろうとする意欲がどうしてもわかないのだった。

どうやら、僕の忠誠心や前向きな気持ち、百貨店という小売業の仕事に対する愛情は、ちっぽけな肘掛けとともに、永遠に失われてしまったようだった。

僕の精神は、とても不安定だった。

とにかく会社から逃げ出して、どんな小さなことでもいいから自分が納得のいくような事業を、何か意味があってワクワクするような仕事をしたい、と僕は思ったのだった。

ポルシェなんかなくても、家族をなんとか食べさせていければそれでいい。どこかに静かな自分だけの洞窟を見つけて、そこに逃げ込みたいと考えていたのだ。

いまから思うと不思議だが、当時の僕は仕事上の高い壁にぶち当たるまで、自分では全力で突っ走っている、しかもけっこううまく走れているつもりだった。

自分がやりたいのに会社の中には見つけることができないこと、あるいは会社から求められているのに自分にはできそうもないことがあるのだということを、僕も薄々は感じてはいた。けれども、壁にぶち当たるまでは、そのどこか胃の腑につかえたような真実に、じっくり向き合ったことはなかった。

40歳になり、トップ集団にいる同期の連中が自分より先を走り始めて、ようやく僕は自分がどこかで道を間違えていたらしいことに気づいた。


つまるところ、僕は馬鹿だった。

正直に白状しよう。家庭も顧みず、狂ったように働き続けていた僕は、もう少し自分を会社も評価してくれたっていいじゃないか、と思っていた。

よりによって、オレから肘掛けを奪わなくてもいいじゃないか。

そして、肘の置き場のない日が一日一日と過ぎていったある日、積み上げられ膨らんだ違和感は、僕の眼前に高い高い壁として現れた。そして、気がつくとその壁は乗り越えられないだけでなく自分の四方を囲み、どちらへ行こうとしても身動きのとれないことに僕は気がついたのだった。

18年。若い人から見れば、18年という「時」は気の遠くなる年月だろう。18年も滅私奉公で頑張ったんだと言いたいところだが、実のところ18年という長い年月をまるまる全力疾走したわけではない。トップスピードで走っていた頃のペースを18年続けていたら、僕は既にこの世にいなかっただろう。

24歳の時、作家になりたいという子どもじみた夢を持ちながら、その妄想を隠して僕は新卒採用として百貨店に入社した。

「小説を書かなきゃいけないんで、早く帰宅したいんです」と、入社試験の面接で言わなかった僕は誠実でなかったかもしれない。

会社が僕を採用した理由も、僕のビジネスマンとしての将来性に期待したのか、珍しく百貨店業界に迷いこんで来た「京都大学卒」というブランドが欲しかったのか、定かではない。

ともあれ、そんなわけで僕が全身全霊を仕事に打ち込み始めたのは、やっと完成させた長編小説がある賞の一次選考にさえ残らず、作家になるという子どもじみた夢を完全に諦めた時からだった。

僕は、既に結婚して子どももいて、30代半ばにさしかかろうとしていた。まったくもって、遅い元服であった。

さて、僕が会社人として失敗した理由は、会社の仕事以外に自分にはやりたいことがあるという若い時の仕事に対する半身の姿勢が、その後も長く尾を引いたということもあるかもしれない。

しかし、それだけではない。

僕の周囲からは、たまたまかもしれないが多くの取締役が出た。直属の上司、上司の上司、隣に座って張り合っていた同期、異動で僕の後任となった同期。そんな人たちの多くが取締役になった。

まるで僕のいたオフィスに幸運の女神が星をばらまきにやって来て、よりによって僕だけを避けて僥倖を皆に与えたようにも思える。

僕と彼らの差はいったい何だったのか。会社を辞めてからも、僕はよく考えた。

ごく若い時を除けば、努力の総量が足りなかったとは思えない。僕は彼らと比べても遜色なく様々なことに挑戦したし、長時間没頭して働いた。

ひとつは確かに能力だっただろう。取締役に上り詰めた何人かは、僕がかなわない頭脳のメモリを持っていた。

頭の良さをコンピューターにたとえるなら、回転の早さがＣＰＵ、記憶力がハードディスクになると思うが、彼らは多くの条件を一度に考える能力、つまり「メモリ」が優れていたように思う。大きな会社では、ひとつの施策に様々な要因が影響するが、彼らはそういったことを同時に考えることが得意だった。

僕の頭はどちらかというと、単純化へ、中心へ向かうことが得意で、テーブルいっぱいにカードを広げながら、次の手を考えるようなことは苦手だった。

しかし、それも僕の失敗に、どれほど決定的だったかはわからない。

会社でも、あるいは様々な分野においても、目立って活躍している人は、思考力がダントツに優れている人ばかりではない。一定水準以上の思考能力がある人には、チャンスは平等にやってくる。

おそらく、最も大きな違いは、考え方や行動を律する方向性だったのではないだろうか。

それが、僕と彼らは異なっていたために、それぞれの到達点に大きな差が出たのではないかと、いまにして思う。

ところで、僕は社長になりたかったのだろうか？

いや、それは違う。

僕の会社は百貨店だったから、社長になるためには通常、大きな店の店長を務めることがひとつのステップになる。だが、僕は店長になりたいと思ったことは一度もなかった。

ただ、僕は負けたくはなかった。僕ならではの素晴らしい仕事をして、みんなを驚かせ、会社のために役立ちたかった。

社長にはなりたくないが誰にも負けず、店長にはなりたくないが会社のために大きな貢献がしたかった。

ここに僕を失敗させた考え方が、シンボリックに表れている。要するに、矛盾しているのだ。

子どもの頃、よく遊んだゲームに『モノポリー』がある。プレイヤーはサイコロを振って盤の上の町を回り、そこに家やホテルを建てて、相手プレイヤーを破産させれば勝ちである。

サイコロを振って大きな目が出たり、いいマスに行ける数を出したりすると、プレイヤーは少し得をした気分になる。相手より、一周早く出発点に戻れば200ドルもらえるから、ちょっと先んじているような気分にもなれる。

また、サイコロを振って駒を進めるだけでなく、土地の交換などの交渉がプレイヤー間で行われる。サイコロを振った一回一回の目や交渉のひとつひとつは、それぞれ取るに足らない小さな出来事で、運が良かったり悪かったりする。だが、何か決定的なことが起きるわけではない。

しかし、やがて、プレイヤーが土地を確保し家を建て、ホテルに立て替える、といった場面になる頃、このゲームはたったひとつの勝ち残りの椅子をめぐる熾烈な戦いのゲームであることがプレイヤー全員の目に明らかになる。

そして、次々にプレイヤーは破産していき、最後にひとりの勝者が残る。

会社での人生は、この『モノポリー』に似たところがある。『モノポリー』の勝敗は、サイコロの出目による運に大きく左右されるが、実のところ交渉力、ゲーム戦略が勝敗に影響する部分の方が大きいのだ。しかも、ゲームの序盤ほど戦略が重要で、終盤になればなるほど運に左右される割合が多くなるのだ。

まさに、会社人生そのもののようじゃないか。このゲームには、こうした深みがあるからこそ、毎年世界選手権が行われているんだろう。

会社人生というゲームに敗れた僕は、運がなかったからだと言い訳したい強い誘惑に駆られる時もある。けれども冷静に振り返ると、確かに交渉力・戦略が不足していたことを認めざるを得ない。

僕がゲームに負けた最大の理由は、勝ちの勝率を少しでも高めるような戦略をもって、ひとつひとつの交渉を丁寧に積み上げなかったからだと思う。

そして、一回一回の出目に一喜一憂し、そのことに気がつかないまま中盤を過ぎて終盤になり、誰かの所有するホテルの代金を支払おうとして、はじめて残金がかなり少ないことに気づいたようなものだ。

そして、僕は破産し、敗者となってゲーム盤から去った。


僕はブログやこの本で、若い人に伝えたいと思っていることがいくつかある。

そのひとつは、こういうことだ。

世の中には、新しい価値観や生き方を説く言葉や本が溢れている。それらを聞いたり読んだりしていると、頑張ること、全身全霊を傾けて挑戦すること、勝ち抜くこと、大きなサクセスを得ること、そうしたことを望んだり志向したりすることは、まるで時代遅れなのだと言わんばかりである。


もちろん、僕はそういう考えを頭から否定はしない。

実際、僕の友人の中にもそういう価値観を持つ、しかし魅力的な男がいる。本心から挑戦や成功を否定する価値観を受け入れることができるのなら、そしてそれを自らの幸せと同義だと感じることができるなら、それほど素晴らしいことはない。

しかし、大多数の人々にとって、そうした価値観を受け入れることができるとは、僕には思えないのである。

時代とともに変わる価値観もあれば、変わらないものもある。ローマ時代から現代まで、人間の基本的な欲求や組織の力学というものは、不変なのではないだろうか。いつの時代でも、最も煩悩から遠く無欲であるはずの僧侶ですら、名誉欲を捨てきれずにいる。

リアルに想像してみればいいのだ。10年後、「あなたはもうひとつです。同期の◯◯さんより、後輩の△△さんより、能力が劣ります」と言われ、昇格して上司となった◯◯さんや△△さんのデスクに承認の判をもらいにいくところを。あるいは、そういう人たちがあなたの会社でのキャリアを自由に決定できるところを。彼らはあなたを引き上げてくれるかもしれないが、あなたをアフリカの支社に飛ばしたり、リストラ候補者名簿の最後にあなたの名前を書き込むかもしれないのだ。

そんな想像があっさりと喉を通って飲み下せるのなら、僕があなたに伝えるべきことは何もない。

たいていの人は（そう、僕のように）、普段は出世なんてと言いながら、いざ出世できないという現実を突きつけられると、風になびく雑草のようにはやり過ごすことができないはずだ。

僕らはどうしても働いて食い扶持を稼がなければならない。そのために会社や組織に属して働かなければならない人が大半で、みんなそれぞれ組織という名のゲーム盤に組み込まれる。

嫌でもあなたはゲーム盤の上に立たされて、サイコロを振るように促されるのだ。そして、自ら望む望まないにかかわらず、ゲームのルールによってあなたは評価され、裁かれる。自分の人生は自分のもので他人からとやかく評価されるものではない、と叫んでみても、その勝負の勝ち負けは人生の価値を表す記号としてつきまとう。

まったくもって、ムカつくではないか。

僕にしても、いまは十分幸せで満ち足りた生活を送っているのだが、これからの人生の中で、誰もが知り得るような大ホームランでもかっ飛ばすことができなければ、世間は勝手に、僕の墓標に「敗残者」という文字を刻むだろう。

いずれにせよ、大半の人々は『会社人生』というゲームに参加させられることから逃れることはできない。だとすれば、そのルールを否定して上の空でゲーム参加するのではなく、本気で参加してみればいいと僕は思うのだ。

ゲームを楽しむための最大のコツは、そのゲームに本気で取り組むことだ。勝とうが負けようがどうでもいいという態度で臨んだゲームが楽しいはずはない。本気になってこそ、ゲームの醍醐味を味わえるというものだ。

心の底から勝ちを望み、ゲームの勝ち方を研究し、相手のプレイヤーと心理戦を戦い、相手を出し抜く。そして、破産させてゲーム盤から取り除いてやるのだ。でなければ、相手のプレイヤーにあなたが取り除かれることになる。

もちろん、これは比喩である。比喩ではあるけれども、とてもリアルな比喩なのだ。どんな会社にも好不況はある。そして、不況時にはリストラという名の首切りが始まる。その時、真っ先に断頭台行きの宣告を受けるのと、絶対に残留して欲しいと懇願されるのでは、雲泥の差であるということは誰だってわかるはずだ。

また、こんな風にも考えることができる。リストラばかりやっている会社は、「ダメな会社」だ。このダメな会社を、リストラをしない、あるいは給料がいい「良い会社」に自分の力で変えてやる。それも、ゲームの楽しさなのだ。けれども、それには組織を動かすための権力が当然のことながら必要になる。そして、権力を手にするためには、ゲームに本気で臨まなければならない。

考えてみれば、人生は長いようで短い。そして、そのかけがえのない人生の相当部分にあたる時間を、ほとんどの人々が会社（組織）での生活に費やしている。

であるならば、会社生活を嫌々ながらゾンビのように過ごすより、心底から楽しんで過ごした方がいいに決まっている。

僕はあなたに、自らが参加しているゲームに全身全霊で取り組んで欲しい。そうすることが、最高に楽しいはずだから。そして、できるならあなたに勝って欲しいと思う。

それに、万一、勝てなかったとしても、最後まで勝負を捨てず楽しんだ時間は決して無駄にはならないはずだから。


僕は会社生活の途中から、そのゲームの中で全身全霊をかけて戦ったと胸を張って言える。そして、その時間は僕の人生の中で宝石のように輝いている。

しかし、いまから思えば、僕はそのゲームの戦い方を十分には知らなかった。

誰も言ってくれなかったから、あるいは、言ってくれていたはずなのに、僕が聞く耳を持たなかったから、18年も勤めた後になって様々なことを後悔した。

その多くは、ゲームに勝つ方法として誰にも明らかなものとはいえないもので、僕はそういったことをゲームを有利に戦うために必要なのかどうか、はっきりとはわからなかったし、どちらかといえば反発を覚えるようなことばかりだった。

しかし、ゲームに勝つと心を固く決めている連中は、知ってか知らずか、そういうことを着実にやってゲームを有利に運んでいたのである。

さあ、僕のどういう点が、僕のどういう考え方が、そのゲームに勝てなかった理由なのか、読んでみてほしい。

おそらく、僕の失敗は、ある程度普遍的なものだと思う。そのことを何気なく書いたブログ記事が、思いのほか広く共有されて、同じような思いを持っている組織人が多くいることに改めて気づかされた。

現在の僕は、会社人生に失敗したただの古着屋のオヤジに過ぎない。

そして、満身の恥を晒してこれを書いている。

ひょっとして、僕のような人間が、同じ間違いを犯すかもしれない。できれば、同じ間違いを犯してほしくないと願って書いている。

だが、あなたはこう思っているかもしれない。

若い頃の僕のように、「あんたが、失敗したのは、あんたがあまりにも馬鹿だからだ。俺はあんたとは違う」と。

そうであることを願うばかりだ。

僕の後悔１●入社初日から社長を目指して全力疾走すればよかった

あれは確か、入社式の日のことだった。

新入社員の男性40数名が会議室に集められ、様々な説明や講義を聞かされていた。慣れないスーツを着た僕らは、神妙な顔で耳を傾けていた。

当時の社長を含め偉い方々が、大卒新入社員へのはなむけの言葉を述べていた。けれども、失礼ながら何をおっしゃっているのか皆目わからないな、と僕は思った。あくまでも、不遜な僕であった。

それはともかく、夕刻ちょっとした休憩時間になり、人事の担当者が「上着を脱いでくつろいでください」と言った。

僕らは皆、上着を脱いで、まだ互いによく知らないながら少し話をした。

何分か経って、また、入社の儀式が再開された。皆が一斉に前を向いて背筋を伸ばす。前に立つ人事の担当者が何か話している。

ぼんやりと聞いていた僕だったが、途中からその話は、はっきりと意味をなしてきた。

「……というのに、まだ上着も着ていないやつがいる。社会人として……」

ふと気がつくと、上着を着ていないのは僕ひとりで、あとの同期はいつの間にかすべて上着を着ているではないか。

僕は慌てて上着を着た。

新入社員の中で、一番最初に叱られたのが僕であった。

その後、長い間、鳴かず飛ばずとなる僕が同期の中で目立ったことといえば、悲しいことに、この「一番最初に叱られた」ことと「一番最初に結婚した」ことだけだった。


この一件は、入社初日から僕の心構えがなっていなかったことを存分に示している。ゲームは既にスタートしていた。

僕の周囲の同期たちは、くつろいで、多少ぎこちない無駄話をしているだけのように見えて、実のところ為すべきことを理解し鋭敏に行動していたのである。

僕にはその場の空気がまったく読めていなかった。


僕がなぜ入社初日から、全力で会社人生という名のゲームに参加していなかったのか説明が、それも僕にとってはかなり痛い説明が必要だろう。

いったい世の新卒の何割の人間が、自分の第一志望の業界、第一志望の企業に就職できるのだろうか。

そもそもすべての新入社員は、入社した初日から、それまでに抱いていた夢や希望をきっぱり諦めて、入った会社が求めるものに自分を合わせていこうと覚悟することができるものなのだろうか。

30年以上前、僕は大学の新卒として百貨店に入社した。

他の大勢の若者たちと同じように、自分の第一志望の業界でも、第一志望の会社でもなかった。僕の場合、本当に就職したい会社はマスコミか出版のみだった。しかし、その門はあまりにも狭かった。

いっしょに留年した大学の友だちに志望業種を聞かれて「マスコミ」と答えた時、「いい加減、目を覚ませ」と言われ、さすがに僕も我に返った。そして、その後は業種も何もあったものではなく、名前を知っている会社をランダムに受ける中で、一番最初に内定をくれた会社に入社したのだった。

しかし当時の僕は、「小説家になりたい」という子どもじみた夢を、まだ完全に引きずっていた。かといって、フリーライターの世界に身を投じる覚悟はなく、毎日何時間も机に向かうという辛い訓練の時間を自分に課すわけでもなく、本を読み、少し書いて、いつかは小説家になりたいと夢想しているだけだった。要するに、絵に描いたような甘い若者だったのだ。

その頃の僕にとって、会社はあくまで生活の資を稼ぐための場に過ぎず、「仕事を通じて人間的な成長をする場」であるとか、「お客様の喜びを自分の喜びとする場」であるとかいった能書は、大人どもが僕らに軛《くびき》をつけるために捏造したお伽話だなどと思っていた。だから、当時の僕が会社に望んでいたのは、なるべく定時に帰れること、休みも欠かさずにとれることだった。

また、鍋の売場に配属された僕の願いは、田園風景をメルヘンチックに描いたホーローの両手鍋を売ることから一刻も早く開放されて、少なくとも「クリエィティブな」仕事ができるところ、つまり宣伝部とか企画部に異動させてもらうことだった。

幸いなことに数年後、その願いはかない、会社は僕を営業企画部に異動させてくれた。その後、多大なお世話になることになるある人が「面白そうなのが家庭用品にいる」と、僕を引っ張ってくれたのだった。

僕はふたつ目の職場だったトイレタリー売場から足を洗い、オフィスに机をもらって、報告書を書いたり上司に必要なデータを集めて報告書にまとめたりする仕事をさせてもらうことになった。

「営業企画部！」僕の心は、その響きに高揚した。

けれども、ロクに現場も知らないまま気分だけでそんな「クリエィティブな」部署にいたって、まともな仕事ができるはずもない。僕はすぐに元の精神状態に戻っていった。

さて、そういう僕に比べ、同期のライバルたちはどうだっただろうか。30年後、同期の中から多くの取締役が出た。

そもそも、彼らは大学の商学部や経営学部出身が多く、ゼミなどで小売業について専門的な研究をしてから入社してきた者も多かった。

入社先が第一志望だったかどうかは知らないが、少なくとも小売業界を第一志望と定めて、業界で希望したいくつかの会社の中のひとつに入社した連中だった。

彼らのほとんどは、露骨に「社長を目指す」などとは言わなかったが、確かに、入社早々から上を目指して静かに闘志を燃やしていた。小売の世界で戦ってここで必ず身を立てるのだ、という覚悟を持っていた。

だから、あの日、人事の担当者に言われるまでもなく、彼らは当然のように上着を着ることができたのだ。

不遜な僕は、そういう連中を相手に「負ける」ことを当然のように思っていたわけではない。むしろ、全身全霊を業務に捧げなくても、勝てないまでも負けることはないだろうと余裕をかましていた節がある。

いや、いまさら嘘をついても仕方がない。僕は、「京都大学」卒業の僕は、自分よりずっと頭がよく、運動部などで活躍してきた超エリートたちばかりの会社、たとえば商社や都銀、テレビ局といった会社と比べたら、社内での競争は楽なものになるだろうと高をくくっていたのである。

そして、もちろん、見事に負けてしまうのだ。


そんな僕は、仕事に対する姿勢が、特別に、ずば抜けて悪かったのだろうか。

いや、たぶん、そうではあるまい。

僕が社会に出て自分のキャリアをスタートさせた時の、かくも恥ずかしい心理をここで正直に書いたのは、実際のところ僕と似たような気持ちでいる若者も多いのではないかと思ったからだ。

僕のように夢とも妄想ともわからないものを捨てきれずにいる人もいるだろうし、希望の職種とはかけ離れた仕事をすることになった人もいるだろう。

そうでなくても、単に出世を目指してしゃかりきになるのはみっともないとか、ほどほどでよいと思っている人も多いだろう。また、あけすけな競争よりも、協力や共生を重視する言説が多い中、はっきりした自分の羅針盤を持てないでいる人は多いように思う。だが、競争相手の中には、一見そう見えなくても、実際は出世を目指してまっすぐに前を向いている人も多くいることを忘れてはならない。

学生時代と同じである。

ガリ勉は嫌われるし格好悪いと思われるから、「いい点をとり、いい会社に就職することを目指してガリガリやってます」などとは誰も言わない。しかし、できる人たちは水面下でちゃんと試験の準備をして、「できないできない」と言いながらいい点数をとるのだ。

会社人生はマラソンのように長いゲームだ。そして長いゲームでは、時間の持つ価値を知り、それを味方につけた者が有利になる。

たとえば、よく引き合いに出される数式にこんなものがある。

$1.01^{365} \fallingdotseq 37.8$

$0.99^{365} \fallingdotseq 0.026$

単なる数字遊びではあるが、この数式はこんな風に読むこともできる。

向上心の強い人が、毎日1%だけ前日より自分のパフォーマンスを改善して、それを1

年365日積み重ねるとする。そして、それを1・01の365乗と考えるなら、1が約38になるのだ。

一方、どうしてもやる気にならず、毎日前日より1%だけパフォーマンスを落としていくとすれば、それを1年365日積み重ねると0・026になってしまうのである。(0・99の365乗)。

20年、30年というスパンでサラリーマンの人々を見ていると、この数式がとてもリアルに思えてくる。

ここに、取締役になった人Aさんと係長止まりのBさんがいるとする。現在のAさんとBさんの、影響力、能力、給与には天と地ほどの大きな差があるが、元々の、入社時点での差はどれほどだったのだろうか。おそらく、ほんの少ししか違うまい。そうでなければ、Bさんだって入社は許されなかったはずである。しかし、ほんの少しの差は上の役職に選ばれることで大きな差になる。なぜなら、その役職をこなすことで学べることが多いからである。よく言われるように「地位が人をつくる」のだ。そして、そこでもまた小さな差が、次の役職への決め手となって、さらに上位の能力を身につけていく。

そうやって、長い年月の間に、わずかの差が決定的な差へと変わってしまうのである。

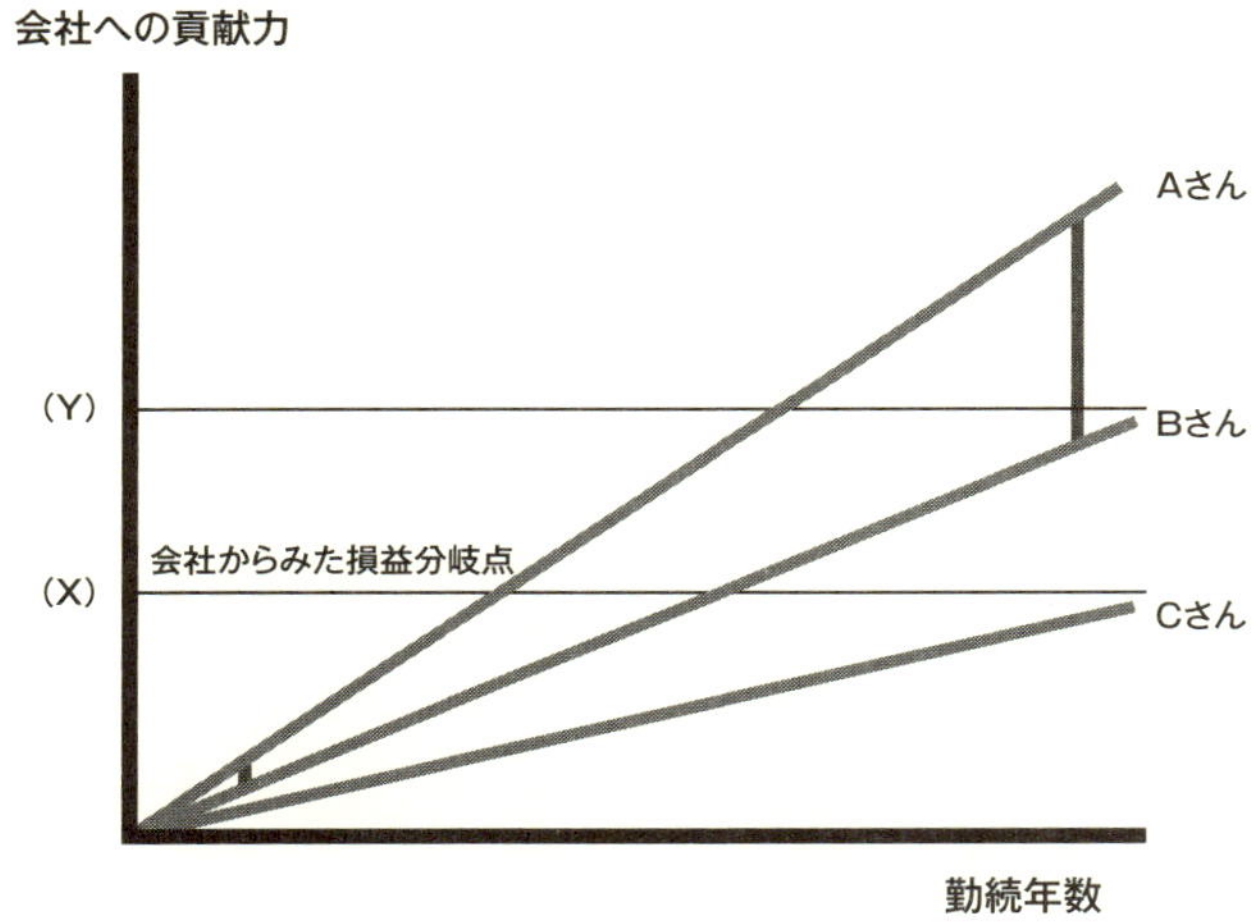

入社してすぐの3年や5年、その後の長い会社人としての年月を考えれば、さほど大きな影響はないと思うかもしれない。だが、最初から全力疾走しないと、20年後、30年後にはその差は驚くべきものとなるのだ。

上の図を見てほしい。

縦軸は会社への貢献度、横軸は勤続年数である。

最初から全力疾走する、いわゆるできるやつであるAさんは、最初は会社に貢献した以上のものを会社から受け取っているが、やがてノウハウや技術を覚え、会社への貢献は勤続何年かで会社から見た損益分岐点Xを超える。それからは会社に継続的に利益をもたらすようになる。

僕のような並のやつであるBさんは、A

さんより何年か遅れてXを超える。若い頃の借金を後半になって会社にお返しすることになる。

そして、できないやつであるCさんは、何年たっても会社のお荷物でしかない。

さて、この企業がリストラをしなければならない状況に追い込まれたらどうなるか。

結論からいうと、会社から見た損益分岐点はYのレベルに上がってしまい、僕のような普通の人間Bも利益に貢献していないとみなされるようになってしまうのである。

この図で注目してほしいのは、入社後しばらくした時点でのAさんとBさんの差が、取るに足らないように見えることだ。

たぶん、それは月給で数百円、ボーナスで数千円の差だったりする。

その時点ではわずかな差なので、会社に魂を売ってまで、自分の意志を殺してまで、その差にこだわることが馬鹿らしく思えるかもしれない。

だが、わずかに思えた差が、20年後には容赦なく大きく開いてしまうのである、Aさんは業績が悪くなっても、というより悪くなったら是が非でも会社には必要な人材だが、Bさんは会社が安泰であれば何とかなったものの、厳しい経営状況になると、できればいなくなってほしい人材になってしまう。

このように、会社人生というゲームで時間が持つ意味はとても大きい。

その貴重な時間を味方につけて戦うための第一のポイントは、自分の持ち時間をめいっぱい長く使うことである。だからこそ、入社初日から全力でゲームに臨むべきなのだ。

そもそも、入社時点に高いモチベーションを持っている人は、この章を読む必要はあまりないだろう。

けれども、時間を味方につける意味は、改めて認識しておいて損はないと思う。

能力アップのための時間をきちんと割いてそれを継続すれば、20年、30年という長い間に大きな能力の差となって、ゲームを有利に導いてくれる。

また、僕と同じように、高いモチベーションを持って会社生活に入らなかった人も多くいるだろう。

実のところ、そういう人たちの方が多数派ではないかと思う。

大学で学んだこととまったく無関係な仕事についてしまったとか、希望とはまったく異なる業種についてしまったとか、どうしても自分には合わない仕事をさせられているというように思っている人も多いはずだ。

僕にしたって、鍋を「包装」するのではなく、物語を「放送」したかったのである。

それでも、僕がそういう人たちに伝えたいのは、一刻も早く、とにかく、目の前の仕事に全力で取り組んでみてほしいということだ。

たとえあなたがギリシャの哲学を学んだ末に、ホーローの鍋を売る職場についたとしてもである。

確かに、全力で取り組んでみると、平凡で陳腐に見えていた仕事が突然輝き出したり、思わぬ自分の能力に気がついたりする。


こういうと、オヤジ特有の戯言としか思われないかもしれない。僕が若い頃にそう言われたら、きっと、そんなセリフを本気にはしなかっただろう。

しかし、「他に自分にふさわしいところがあるかもしれない」と思って目の前の仕事をするのと、「ここにしか自分の生きる場所はない」と思ってするのとでは、まったくレベルの違った仕事体験になるということは、僕は実際に体験したから、はっきりと断言できるのだ。

もちろん、「徹底してやれば面白いと思えるような仕事を与える」ことは、ある意味、雇う側、会社側の責任でもあるのだけれど、仮にそういう意志の薄い会社に入ってしまったとしても、自分から与えられたことに１００％コミットすることで、会社からそういうものを引き出すぐらいのつもりでないと、いつまで経っても仕事の面白さは味わえないのではないかと思う。

会社というところには二面性があって、希望している部署にはなかなか行かせてくれないくせに、大人数の中から光っている人間を拾い上げたりすることにかけては、超一流だったりする面もある。実際に、どちらも起きることなのである。

人間には自分で想像している以上の能力がある。

そして、どんな仕事にも、想像以上の面白さがある。

若いあなたには信じられないかもしれないが、そこには真実がある。

たとえば、僕らは、普段自分が乗っている車の本当の性能を知らない。

ゼロヨンが何秒だとか、何馬力で車重がいくらだとか、車を選ぶ時、様々なデータを参考にして買ったはずなのに、たいていの人は、全力でブレーキを踏んだことはなく、長い直線でひたすらアクセルを踏み続けたこともない。

車はその性能を限界まで発揮させせられることはなく、いつもせいぜい6割程度のチカラで走らされているだけだ。そのポテンシャルが気に入って手に入れたはずなのに、ポテンシャルはポテンシャルのまま残されて試される時がない。

僕は車の運転を得意としているわけではないけれど、サーキットに連れて行ってもらってはじめて、自分の車の限界を知った。

直線でアクセルを踏み続け、カーブの手前で、全力でブレーキを蹴り込む。

僕の車は、ここまで走れるし、こんなに急に減速できるんだ、とその時にはじめて知った。

仕事も、まったく同じだ。

内向的でマネージャー職には向かないと思っていた僕だが、ある種の壁を越えた後は、マネージャー職を楽しんでやれるようになった。

そして、そうやって楽しんでやれるようになると、様々な面白さをその仕事の中に発見できるようになるのだ。

たとえば、小売業という仕事は前近代的でクリエィティブなところがないと思っていた僕なのに、いまでは小売業というお客さんと一番近いところでするビジネスには、限りない面白さがあると思うようになったのである。

他に逃げ場はなく、それをこなす以外に道はないと思い定めて仕事に取り組むと、自分の潜在能力がはじめて現れてくる。そして、その仕事の本当の面白さが見えてくるのである。

残念なことに、世の中にはブラック企業と呼ばれる会社もある。

そうした企業の経営者は、僕がいま書いたようなことをまったく同じように言っているかもしれない。「限界まで働いて、自分でつくっている壁を越えよ」と。

確かに、世のブラック企業の中には、そう言って若者を潰しているところもある。だが、だからと言って、限界に挑戦することを一切やめてしまったら、人生はとてもつまらないものになるだろう。

後で詳しく述べるが、「限界まで挑戦する」といっても、身体や精神を病むまで続ける必要はない。

無理と思えばやめればいい。人間にはどうしても超えられない適不適だってある。

望めばなんでも現実になるって？　馬鹿言ってんじゃないよ！

最高の先生について、何十年も流しをやって、誰よりも努力したって、僕が演歌歌手になれるはずがない。どれほど勉強したって、どれほど身体を鍛えたって、僕が宇宙飛行士に選ばれるはずがない。

だが、たいていのことは、一度はやってみる価値が必ずあるのだ。


そして、もうひとつ。

まだ、夢を諦めきれない人、他に自分にふさわしい道があるかもしれないと思っている人に、伝えたいことがある。

わざわざここに書くべきかどうか迷うのだが、いまの僕の会社でも「夢」を追っている多くの若者と付き合いがあり、さほど珍しいことではないと思われるので、あえて書いておこう。

僕は入社した時点で、作家になる、小説家になるという夢を捨てるべきだったのだろうか。それがいくら子どもじみた夢だとしても、自分が育んだ夢を、自分が最も上手くできそうなことを、20代の中盤に早々と諦めてしまっていいものなのだろうか。

僕に限らず、多くの若者は子どもの頃からの夢とか、学生時代に育んだ夢を持っている。それがプロ野球選手になるというようなスポーツ系のものであれば、ある年齢を超えれば諦めはつきやすい。しかし、クリエィティブ系の夢、たとえば、漫画家になるとか、作曲家になるとか、シナリオライターになるというような夢は、作家になる夢と同じく、働きながらでも追い続けることができるので、就職と同時にきっぱりと諦めることができない。

いまでは、せめて数年その夢を封印して、僕は目の前の仕事に全身全霊をかけるべきだったと思っている。

その理由は会社のライバルたちに負けてしまうからというだけではない。

クリエィティブな能力の開花は、早熟な人もあれば、かなり遅咲きの人もいる。就職する頃にその分野で何か注目を浴びるような仕事をしていない人は、早熟であることを諦めた方がいいのではないだろうか。

遅咲きなのであれば、数年のブランクはさほど問題にならないだろう。目の前の自分の人生を全力で生きることは、クリエィティブな活動を中途半端に続けるよりも、長い目でみれば、創造性へのより良い養分になるのではないだろうか。

たとえば、ハードボイルド小説の作家レイモンド・チャンドラーが、フィリップ・マーローを産んだのは51歳の時であった。

若い頃に詩を書いていたチャンドラーは様々な職業を経験し、作家になる直前には石油会社の副社長まで上りつめていたのである。

しかし、飲酒や常習的な欠勤などでその職を失ってしまう。その頃彼は、当時安く手に入るパルプ・マガジンを何気なく読んでいて、自分もこの程度のものなら書けるかもしれない、それでいくらかの稼ぎになるかもしれないと思い、実に44歳から小説の技法を学び、51歳であの有名な『大いなる眠り』を発表したのである。

夢を諦めてしまう必要はない。

人生は長い。焦ることはない。

数年はいったん忘れて、与えられた仕事に全身全霊で打ち込んでみる。昼も夜も考え抜いて、できる限りの工夫をしてみたらどうだろうか。

自分には向いていないと思われるような仕事でも、「やってみたまえ」と言われたら、とにかく全力でやってみればどうだろうか。

そうしてみると、できないと思っていたことをなんとかこなしている新しい自分を発見したり、つまらないと思っていた仕事が、鮮烈な輝きを帯びて見えてきたりする。

そして、その道をどんどん歩いて行くと、また別の夢が育ってきたりする。

それでもやはり、最初の夢が諦められなければ、その時は、その会社で落ち着いた頃に、夢への封印をそっとほどいて、自分が自由にできる時間の幾分かを、毎日それにあてる日課を続ければいい。

おそらく、それには、たとえば、毎朝出社前に早く起きてつくる自分だけのための静かな1時間か1時間半になるだろう。

そして、それを1日も欠かさず、10年でも15年でも続けてみればいいのだ。

ネットのおかげで、真に価値のあるクリエィティブな仕事が、埋もれたままになっていることはほとんどなくなった。文章も絵も映画も歌も、ネットで公開し続ければ、それを必要とする人に届かないまま終わるということはない。

ただし、その夢が誰かの役に立ち、誰かが喜んでくれるようになっても、それがお金になるかどうかはまた別の話だ。実際のところ、それで家族を支えるような収入を得られることはやはり稀であろう。そうなればいいが、そうならなくてもいいような生活の基礎ができていれば、それで何の問題があるだろうか。

たとえ、あなたがそれ単独で生活を支えるほどの収入を得ることができないとしても、あなたが真のクリエイターとして生まれてついているのなら、作品をつくり、それを公開し続けることを、無上の喜びとすることができるはずである。

僕がそうであったように、会社に入った時に「オレはこれから社長を目指すぜ」などと考える新入社員はほとんどいないと思う。けれども、オブラートで包まれたような状態で提示される『会社人生』という名のゲームのゴールの正体を直視してみよう。それはやはり「社長」になることなのである。部長や、単なる取締役がゴールだということはあり得ない。社長を目指して頑張ったからこそ、取締役にもなれる。競走で、はじめから二等賞を目標にするなどということはあり得ないのと同じである。

社長を目指すのは、金や名誉のためではない。もちろん、金や名誉が無意味だというわけではないが、本質ではない。それに、そんなものはいやでも後からついてくる。

前に述べたように、ゲームは勝たなければ面白くない。そして、僕はそのことを長い間直視できずにいたのだが、同期に負けない、誰よりも会社に貢献するということ、つまり、会社人生という長丁場のゲームを勝ち抜いた先にあるゴールは、「社長」という役職である。要するに、ゲームを楽しもうとするなら、必然的に社長を目指すことになる。だからこそ、自らの全知全能を振りしぼって社長を目指し、仕事に臨むべきなのだ。そして、その間に培わざるを得ない創意工夫や危機に対する精神力、人間観察力などは、あなたの人生をとても豊潤なものにするはずだ。

さあ、ひとつ目の話は、そろそろ終わりにしよう。

一番大切な「時間」を味方につけるように。

僕はそれに失敗した。

若いあなたの1時間と、既に歳をとって50歳を越えた僕の1時間は、等価ではない。

20歳の時に1時間かけて得たものは、その後60年間役に立つ。

55歳で1時間かけて得たものは、25年間しか役に立たない。

20歳で１００万円の運用を３％で始めたら、60年後には５８９万円になるが、

55歳で同じことを始めても、80歳になった時には２０９万円にしかならない。

会社という長いゲームで勝つためには、早く走り始めて、長く走り続けることが、最も大切なことのひとつなのである。

僕の後悔2●会社のカラーに染まりたくないなんて思わなければよかった

昔からの悪い癖で僕はいつも、その時に属している集団の成員としてあるべき姿、望まれる人物像といったものに反発を感じてしまうのだ。

まじめに、地味に、コツコツとやることを期待されると、僕は不良になりたくなる。そして、どこにいても、そこにいることに違和感を覚えるようになる。

反骨精神などといえばカッコイイが、実のところ組織人として必要な協調性に欠けていたといわざるを得ない。いま思うと、まずは会社の価値観や権威を受け入れて、素直にそれを信じ、そこから出発すればよかった。

僕の協調性に欠けるという性向は、やはり会社人として失敗し始終愚痴ばかり言っていた父から伝染したのか、元々僕のＤＮＡに埋め込まれていたのかわからないが、子どもの頃からそうだった。

僕は、学校の教師というものを信じなかった。特に教師たちの教える技量を信じなかったので、学校ではほとんど授業を聞かない生徒だった。いつも授業中はさぼっていて、家に帰ってから自分で参考書などを読んで勉強した。学校での僕のルールは簡単で、授業を聞こうがさぼろうが関係なく、内申書に不利なことを書かれない程度におとなしくし、試験の点数さえちゃんととればいいというものだった。それで何ら問題はなかった。

僕は、毎日同じ時間に決まって帰ってくる父のような勤め人にはなりたくないと子ども心に思っていた。会社人としては底辺に位置していた父は、会社に対する呪詛の言葉をいつも吐いていた。そして、本屋を始めるとか、公認会計士になるとか、時計屋になるとかいって、様々な勉強を始めては数年で挫折するということを繰り返していた。父に言わせると、会社とは、中途入社という理由だけで出世の道を閉ざす、極めて冷酷で理不尽なところらしい。


さて、特に望んで入った会社ではなかったが、僕は少なくともある一定の時間を会社に提供し、良い仕事をして少しでも多くの給与を得ようとした。

けれども、入社してから周囲の同僚に対して覚えた違和感はあまりに強烈だった。

なぜこの人たちは、仕事が終わった後、毎日のように酒を飲みに行くのだろう。

なぜこの人たちは、毎日同じ相手と同じ話題を延々と繰り返せるのだろう。

なぜこの人たちは、早く家に帰って奥さんや子どもとの生活を大事にしないのだろう。

なぜこの人たちは、つまらない自慢話を何度も何度も繰り返しているのだろう。

なぜこの人たちは、上司の愚痴や会社の暗い先行きのことばかり言っているのだろう。

なぜこの人たちは、それほど嫌なのにその状況からさっさと逃げ出さないのだろう。

こうした疑問は、僕のように内向的でプライドだけは高い若者の多くが、会社に入って感じるものではないだろうか。


僕の場合、最初の配属は調理用品売場だった。そして、1年ほどでそこから異動し、バス・トイレタリー用品の担当となった。

その頃の僕は、まだ作家になる野心を捨ててはいなかったので、鍋やトイレの便座カバーを売ることに、どうしても情熱を持つことができなかった。

メルヘンチックな模様が施されたホーローの鍋は、結婚の祝い品としてよく売れた。料理などパブでのアルバイトでしかしたことがなかった僕も、鍋のことにはえらく詳しくなっていた。ちなみに、機能性から選ぶならビタクラフトという多層鋼の高級鍋がいい。

それはともかく、作家になりビッグになるはずの僕にとって、鍋を売ることにどれほどの意味があるのだろうと考えると、タンポポが描かれた黄色の両手鍋を見ても何の感慨も湧かないのだった。

もちろん、浅はかであった。小説を書くという夢をもっていたのなら、「鍋を売る」という体験にも学べることはあったはずだ。小説とはつまるところ人間の物語だ。人間のすべての営為に無駄なことはなく、目の前で起きるすべてのことを、自分の内に蓄えて発酵を待つことだってできた。当時の僕は、そんなことさえわからなかった。

話を戻そう。ともあれ鍋売り時代の僕は、お客さんにそれをちょうだいと言われ倉庫に商品を取りに行っても置き場所がわからず時間を無駄にして叱られたり、あるいは倉庫スペースに対して商品点数が多過ぎるため持ち帰り用の在庫が切れていたり、そんな仕事上の不合理と思われるあれこれに心底うんざりしていた。

なぜ商品を選ぶ担当者は、商品の入れ替え時にその手順と倉庫割を先に決めておかないのか。返品するものを外に出し、その後に必要数を仕入れ倉庫に在庫を納めてから店頭の品を入れ替えないのか。僕には到底理解できなかった。

そんなこんなで、やるべきことはいつだって山積み。上司は帰ろうとせず、残業なのか、帰っていいのか、いつも判然としないままに退社時間はずるずると遅くなっていく。

先輩の女子社員は、どんな箱の商品でもあっという間に完璧に包んでしまう。まさに、職人技だった。

商品のサイズは様々だから、パッと見てどのサイズの紙が必要十分なサイズか見極め、それをスパッと抜き出して角に箱を置きパタパタと転がし、ちょうど半回転した時に反対側の紙の角が箱の裏の真ん中にくるようにする。そして、そこにシールを1枚だけ貼る。途中でセロテープを使って箱が滑ったりしないようにするのは、ヘボとみなされる。

けれども、そんなスキルが小売業という仕事における大きな要素だとしたら、僕にとって毎日の長い時間をこの仕事に捧げる価値があるのだろうか。自分は、小売業のどこに面白さを見つけたらいいのだろうか。そんな風に思っていた。

会社で部会や課会などの大きな宴会がある時、僕の違和感は頂点に達した。有り体にいうと、そこに参加することが嫌で嫌でたまらなかった。まるで火星人たちのパーティーにでも行くくらいの覚悟が必要だった。宴会場に入れば上座とか下座とかがあるらしいが、どこに座ったらいいのかわからない。また、若い社員の役割として先輩にビールを注ぎに行かなくてはならないことをわかってはいても、どんなタイミングで注ぎに行って、どんな順番で注いだらいいのか、そしてどんなことを言えばいいのか、僕は皆目わからず右往左往した。また、そこでの話題にはたいていついて行けず、内向的なダメなヤツという視線が自分に向けられている気がして、いたたまれなくなっていく。

自分にはこの宴席にチームの一員として座る資格が本当にあるのか。自分はそこにいる人たちと永遠にわかり合えることなどないのではないか。僕は絶望といってもいいほどに落ち込んでいた。

僕が入社してすぐに覚えた具体的な違和感とは、ざっとそんな風なものだった。

そして、こんな会社のカラーに染まってなるものかと、若い僕は思ったものである。


けれども、僕は何もわかっていなかったのだ。

たとえば、商品入れ替えの段取りにしても、業務の効率化という視点（つまり早く帰りたい一心からの視点）からすると一見不合理にみえるが、売上を少しでも早く上げたい、売場を少しでも早く新鮮なものにしてお客さんに喜んでもらいたいという視点からすると、倉庫のことが後回しになるのは止むを得ないことだったのだ。

実際に自分の会社を切り盛りしている現在の僕は、当時のマネージャーやリーダーの気持ちがよくわかるのだ。もっとも、それを押しつけられている担当者の気持ちもよくわかるのであるが。

ところで商品の「包装」だが、負けず嫌いでプライドだけは高い僕は、内心では軽んじていた包装の技でも女子社員なんかに負けたくない一心で頑張り、包むことにかけては達人級になったと自負している。四角いものだけでなく、ドッジボールだって、ホウキだって、必要なサイズの紙を一瞬で見切り、パタパタと包装してみせる自信がある。僕がこの腕をもってしてアメリカの百貨店に行けば、スター販売員になれること請け合いだ。そして、そのスキルは現在とても役に立っている。

ビジネスは細部に宿るというのは本当のことだ。つまり、世の中に無駄なことなどないのだ。

ともあれ、内向的なくせに生意気だった当時の僕の上にも時は流れた。

入社してから数年後、僕の将来を心配したのか、会社は僕を売場のマネージャーにしてくれた。そして、管理職になったことは、僕という人間を完全に変えてしまった。

上司や権威に反発する気持ち、その集団の価値観に染まりたくないという気持ちは、時とともに希薄になり、自分が管理者のひとりとなった時、いったんは払拭されたように思えた。

思えば、生まれてからずっと、本当の意味でのリーダーになったことがない僕だった。小学生の頃、成績が良いからと無理やり学級委員にされたことや、大学のクラブで副主将にしてもらったことはあるが、リーダーとしての経験は完全に不足していた。

世の中には、リーダーになるべくして生まれた人間と、リーダーになるためのあれこれを学んでリーダーになる人間がいる。僕の場合はもちろん完全に後者であって、そのスキルを学ぶために塗炭のごとき苦しみをくぐり抜けなければならなかった。

僕は、はじめてのマネージャー職をうまくこなせなかった。それでなくともギリギリで回っている売場は、僕がマネージャーになったことにより大混乱に陥った。

部下の女性に閉店後に直言され、薄暗い照明の下で僕は悔し涙を流した。30歳を超えていた僕は、20歳そこそこの女性の目の前で、自分のマネージャーとしての至らなさが悔しくて文字通り涙を流したのだった。


僕は、徹底的に叩きのめされた。

現実の仕事の現場では、京大卒という学歴など何の役にも立たなかった。いい歳をして、僕は十数人の部下さえまとめることができなかったのだ。

毎日、出社するのが辛かった。朝会で話をすれば白けた雰囲気が流れ、問いかけると皆顔をそむけた。

もともと内向的だった僕は、自分にはマネージャーをこなす資質が決定的に欠けているのではないか、百貨店という職場は自分に向いていないのではないかと、毎日自問した。

しかし、そこから逃げることもできなかった。転職という文字が何度も頭に浮かんだが、逃げ出す勇気はなかった。既に自分がダメビジネスマンであることはわかっていたので、逃げ出したところでいま以上に僕を優しく扱ってくれる職場があるとも思えなかった。

肚をくくった僕は、管理職としてスタッフを管理したり指示したりするのではなく、売場のスタッフが少しでも働きやすい環境をつくることを自分の仕事だと思い定め、辛い日々を一日一日とこなした。

そして、徐々にマネージメントの技術を覚え始めた。

メンバーすべてを平等に受け入れること。

メンバーそれぞれの働く動機を見極めること。

メンバーの気分や健康状態をケアすること。

メンバーが困っていることを察知しその解決を最優先すること。

マネージャーとして何が大切であるかがわかり始め、それをひとつひとつ実行した。

不完全極まりない売場を、不完全極まりないマネージャーが束ね、与えられた目標を達成するために日々努力する。

遅ればせながら僕はやっと、百貨店の売場というものが、どういう力学でどんな風に回っているのか、リアルに理解し始めた。

まるで泥水の中に叩き込まれ、息をするために顔を出そうともがいているような日々だった。しかし、僕にとっては、いったんペチャンコに叩き潰されることが必要だったのだ。

そして、その悪戦苦闘の日々を通して、世の中には様々な人間がいて、それぞれの人間が、それぞれの動機と誇りを持って懸命に生きているということを、僕は身をもって学んだように思う。

もし僕があの時逃げていれば、そうした真理を骨身に沁みて理解するというチャンスを永遠に失ったことだろう。

さて、マネージャーという仕事を自分なりに何とかこなせるようになり、ふと気がつくと、僕は会社に対する違和感をほとんど覚えなくなっていた。

あれほど嫌だった宴会も、まるで竜宮城のように思えるようになった。スタッフの皆がマネージャー、マネージャーと寄ってきてくれる。以前、ある人が百貨店の花形ポストは売場マネージャーだと言っていたが、内心僕はその言葉をまったく信じていなかった。けれども、マネージャーになってみて、ようやくその人の言っていたことが真実であることがわかったのだ。

僕の場合、そこに至るまで何と7年もの時が必要だった。長過ぎる。

本当に長過ぎるが、僕の場合は会社の価値観を受け入れるまで、確かに7年もの歳月がかかったのである。

だからこそ、若い頃の僕と同じような思いを現在抱いているあなたにぜひ伝えたい。焦ることなんかないのだと。

いま、職場に対して強い違和感を覚えていたとしても、それはキャリアの浅い多くのサラリーマンが等しく感じるものであり、深刻になる必要はないのだと。

あなたが抱いている違和感は、マネージャーになったり、専門職として認められたりしていくうちに、やがて消えてしまうものだと。

会社のカラー、つまり社風と呼ばれるものがたいていの会社にはある。そして、それぞれの独自の歴史がその社風をつくったのである。

あなたが、「会社人生」という名のゲームを本当に楽しみたいのなら、自分のいる会社の社風を頭から否定するのではなく、まず馴染もうとするべきだろう。そうすることによって、その会社の実像と自分の立ち位置が見えてくるのではないだろうか。

隅から隅まで善意で満たされた会社は存在しないように、すべてが嫌悪の対象となるような会社も存在しない。学生から社会人となり、そういうことを理解し、会社の本当の良さが見えてくるまでには、それなりの時間がかかるものだと思うのである。

ところで、この話にはまだ続きがある。

僕の場合、確かに会社に対する表面的な違和感は消えたけれど、権威に反発を感じ、指し示された方向を素直に受け入れないという性向はあい変わらず生きていた。

僕は、その後も決して素直な会社員とはいえなかったのだ。

横を向いていたとか、さぼっていたとか、やる気がなかったというわけではない。物事をシニカルに捉え、何かにつけては批判ばかりしたり、できない理由を探してばかりいた、という話ではないのである。

実のところ、その後の僕は一生懸命に働いた。良いと思う方向に、ただし「自分が考える良いと思う方向」に向かって進もうと努力した。

会社の方針と自分の考える方向が合致している時は、それで何も問題はないのだが、それが異なる時、上司と自分の目指す方向が違ったりする時、僕は厄介な頑固者となっていたのである。

怠け者や馬鹿者が会社の方針に逆らう場合、叱りつけて終わりなので組織にとって被害は少ない。しかし、それなりの「理」をもって会社の方針に逆らう社員の場合、それを簡単には否定できず、また同調する人間も必ず出てくる。かくして、彼は組織にとって最も厄介な存在となってしまう。僕がまさにそうだった。

ともあれ、やっぱり僕は、「わかりました」と素直に物事を受け入れるということができない人間だった。そして、それは組織人として未成熟であるといわざるを得ない資質だったのである。

その話は、また後で触れることにしよう。

僕の後悔3●あんな風になりたいと思う上司をもっと早く見つければよかった

僕は今、あの人のようになりたいと思えるような、自分のキャリアのモデルとなるような上司を、もっと早く見定めるべきだったと思っている。

当たり前のことだけど、会社員は上司を自分で選ぶことができない。だから、会社人としての人生は、どんな上司の下につくかということによっても大きく左右されるといわれる。確かに、世の中にはダメな上司も多く、そのことでキャリアの先が見えにくくなる場合も多いだろう。

だけど、僕がいいたいのは、そういうありきたりな話ではない。僕がここで、本当に伝えたいのはこういうことだ。

もし、あなたの会社には「あの人のようになりたい」と強く憧れる人がいないとしよう。けれども、それはいないのではなく、視えていないのだ。

確かに僕も若い頃は、そういう人を自分の観測範囲に見つけることができなかった。しかし、実際には僕の周囲にもそういう人がいたのに、僕の方にそういう人たちのすごさを見抜く用意が整っていなかったのである。

会社員時代の僕は、あの人のようになりたいと心の底から思えるような上司に、長い間巡り合えなかった。


最近、百貨店業界で働く若い人と知り合いになり、いろいろ話をする機会があった。その彼は、まだ入社2、3年目であったにも関わらず、既に自分のキャリアのモデルとなる人を見つけていた。

あくまで彼から聞いた話だが、彼が尊敬するその人は会社での出世にはあまり興味がないそうだ。

扱っている商品の業界では名の通ったその人が目指していることは、業界で本当にやるべきだと考えられること、まだ業界では手がつけられていないが必ず業界の将来に役立つであろうことを実現することだという。そして、それを自ら起業してやるのではなく、百貨店の一部門として、あるいは子会社として実現したいのだという。

ともあれ、入社後の最初の上司だったその人の生き方や人間性に、彼は心酔しているようだった。

まだ年若い彼は、とても素直な好青年で、僕のようにコンプレックスを抱えているわけでもなく、強烈な上昇志向があるわけでもない。彼が憧れているという元上司のように、社内での競争よりも社会に良い意味でのインパクトを与えることを、静かに目論んでいるようにみえた。

彼の扱っている商品は、百貨店の中では、どちらかというと主流から離れた扱い商品である。つまり、彼はあまり陽の当たらない部門に配属されて、そこで会社の価値観から自立した素晴らしい上司に巡り合ったのだ。

これほど素晴らしいことはないと思う。彼は会社員として、彼自身がまさに理想と思うような働き方のモデルを、入社直後に直属の上司の中に見出すことができたのだ。

もちろん、その上司の哲学だけが会社における唯一最高のものと言いたいわけではない。たとえば、出世しなければ結局のところ何もできないと思い定め、静かに牙を研いでいる上司の下につくことだってあるだろう。もし、彼の上司がそういうタイプだったとすれば、自分のキャリアモデルとすることはなかったかもしれない。だが、上昇志向をしっかり持って入社した新入社員であれば、自分の理想をその人に重ねることができるかもしれない。

要するに、会社人生を充実させるための自分の価値観と合致し、かつ有能な上司と巡り合うかどうかという話である。

ただ、一般に彼のような例は、かなり稀なケースだと思う。

会社員は、本流から外れた部門に配属されると鬱屈するか、やる気を失うのが普通であり、その部門の上司も例外ではない場合が多い。

そもそも、会社という大組織の中では、その働き方が輝いている人の割合は数%、多く見積もってもせいぜい10%程度ではないだろうか。

ほとんどの社員は不満を抱えていて、止むなく惰性で働き続けているというのが実情だろう。そして、そういう上司の部下になってしまった新入社員が、そんな風になりたくないと思うのは当然だ。若い頃の僕と同様、自分がモデルとしたいと思えるような上司を見つけられない人が、おそらく大多数なのではないだろうか。

ちなみに、高校・大学の新卒社員の3割以上は3年以内に会社を辞めるそうだ。彼らが辞めるには様々な理由があるだろうが、「あの人のようになるんだ！」と思えるような上司がいてちゃんとケアしてもらっていたなら、辞めずに済んだ人も多くいただろう。

話は少しそれるが、生まれたばかりの乳児は言葉を使えない。家族をはじめとする周囲の人間から学習して初めて言葉が使えるようになる。それと同様、人間の発想はそれがどんなに革命的なアイディアであろうと、先人の知識の堆積の上でしか成立しない。

会社における個人のスキルも同じことである。優れた上司や先輩たちによって積み上げられてきた仕事のノウハウがあってこそ、新たなスキルの高いパフォーマンスが可能になるのだ。したがって、自分がモデルにすべき上司を早く見つけ、その仕事の進め方、会社における身の処し方を学ぶことができれば、当然のことながらそれだけ早くあなたのスキルもアップするのである。

入社して数年経った頃の僕が、「自分のキャリアのモデルとなるような人は誰かいないのか?」と聞かれたら、きっと「いない」と答えただろう。

「じゃあ、会社にすごいと思える人は誰もいないのか?」と聞かれたら、こう返事をしただろう。

「何人かいるらしいよ。でも僕は全然知らないし、どうすごいのかもわからないけど」と。

当時、僕の頭の中は懐疑心と拒絶感でいっぱいだったから、誰かの仕事のやり方がすごいというようには、とても思えなかった。

社内の「すごい人」については研修や会議で教えられたし、噂には聞いていた。

実際、新人の僕が配属された店には、何人かのスーパースターたちがいた。その一癖も二癖もある人たちが集まって喧々諤々《けんけんがくがく》とやりながらつくりあげたその店は、当時、日本で最も先進的な百貨店だといわれていた。

けれども、係長や課長たちがスーパースターだというその人たちは、僕からするとはるか遠くの存在で、彼らが何をやっているのか僕にはまったくわからなかった。

研修で話を聞かされたり、朝会でそういう人たちの話に触れる機会はあったが、いくら日本一の先進的な店とはいえ客もまばらな店をつくった人たちに、頭でっかちの僕が尊敬する要素を彼らに見出すことは不可能だった。


しかし、こんな僕でも、会社に出勤し続ければ時間だけは流れる。

会社は、僕のような不完全な人間でもマネージャーにしてくれた。

そして、その過程で自分の傍にも尊敬するに値する人たちがずっと以前からいたことに、やっと僕は気がついたのだった。

僕をマネージャーとして受け入れてくれた課長には、本当にお世話になった。

売場で不備があって客に迷惑をかける度に、「お前じゃ頼りにならん。責任者を出せ！」と僕は言われ続けた。「責任者は僕です」といくら言っても、マネージャーの所作も覚悟も身につけていない僕だ。客はいつもそれをやすやすと見抜き、「上司を出せ」と言うのであった。そして、その度に、課長に客のところへ謝りに行ってもらわなくてはならなかった。

僕のしゃべり方が悪いのか、着ているスーツが悪いのか、お辞儀の仕方が悪いのか、電話の鳴らし方が悪いのか、なぜ自分の名刺がその役職に見合った効果を発揮しないのか、僕には全然わからなかった。そうして、何度も何度も、課長を担ぎだした。

迷惑ばかりかけていたそんな僕を、一人前のマネージャーになるまで辛抱強く使い続けてくれた当時の上司には、いまさらながら感謝してもしきれない。その人の懐の深さに、僕は本当に救われたのである。


その後、僕は多くの尊敬する上司に巡り合った。

どういう巡り合わせか、僕が上司として仕えた人のうちの3人もが、取締役以上になった。

やっと一皮むけた（と自分では思う）僕は、そういう人たちのすごさがわかるようになり、多くのことを学んだ。

一皮むけたとはいっても、やっとこさ学生時代の殻を脱ぎ捨てただけで、あいも変わらず不遜で不完全極まりない僕だったから、大いに迷惑をかけもした。

そんなこんなを思い出す度に、いまでも顔から火が出る思いだ。たまに宴席でご一緒させてもらう時など、ついついその場に土下座して、至らなかった数々を懺悔したくなるのだった。


尊敬する上司の中には、取締役にはならなかったけれど、僕の考え方を根本的に変えてしまった人もいた。その人は誰に似ているかと聞かれれば、巷間伝え聞くところのスティーブ・ジョブスぐらいしか思い浮かばない豪腕の鬼上司Aさんである。

高い理想を掲げ、最後の最後まで、完成度の高いものを求めて妥協しない。まるでいつも雪山の頂上を目指して崖のギリギリを歩くような仕事の進め方だった。後ろからついて行く者にとって、そこが雪庇でないことを祈らずにはいられないような場所を、彼は淡々と歩き進んで行く。いつその足場が崩れAさんともども奈落の底へ落ちても、何ら不思議ではないようなところである。

僕らは後ろから恐る恐るついて行って、さっさと先へ歩を進めるAさんの背中を固唾を呑んで見つめていたものだった。

彼のエベレストのごとき高い要求は、当然のことながら部下にも上司にも、果ては他部署にも向かう。

スタッフや他部署の担当者が求めるリミットが過ぎても平然とやり直しを命じる。そのせいでみんなすったもんだの大騒動になるのだが、本当のギリギリの物理的なリミットをよく知っていて、そこには必ず間に合わせる。

上から降りてくる指示をただ待っているようなことはなく、多くの場合、自分が転がり始める石になる。そんな時は、自分の職務範囲外のことであっても勝手に決めてしまって話を進め、結局は周囲や上層部に認めさせてしまう。

しかも、Aさんのいでたちは、おしゃれでダンディー極まりないのであった。

Aさんの部下になる前、僕はそれなりに仕事の力をつけてきたと思っていたけれど、組織の中で本気で働くということがどういうことか、Aさんに出会ってはじめて思い知らされた気がしたのだ。

一方、それほどの人だから、部下として仕えるには大変な面もあった。

他者に対する愛憎が極めて激しく、自分が認めた相手には上司であれ部下であれ温かく接するが、ダメなやつという烙印を自分が押した相手には容赦しない。

何度も衝突しながら、必死で仕事をこなしていくうちに、僕もようやく認めてもらったようであった。

それからも大変ではあったが、とても無理と思われるようなミッションを彼から与えられ、それを何とかこなしてみせることに、いつしか僕は無上の喜びを感じるようになった。

僕はそれまでの人生では、誰かに完全に君臨されその相手に100％従うということを経験したことがなかったのだが、それはそれである種の快感であり面白いものだと知った。

とにかく、Aさんを喜ばせたかったし、Aさんに「やるじゃないか」と言われたかった。

ただ、その一言がほしいために、気が狂ったように仕事をした。

そして、鬼上司のAさんのような仕事師になりたい、オレはAさんみたいに生きるのだと、切に思ったものだ。

さて、僕の場合、こんな風に「憧れの上司」を見つけるまでに相当の時間を浪費した。

実際は、僕が新入社員の頃の課内の先輩の中に、後にとても出世した島耕作のようなスーパー社員もいたのだ。

しかし、その時の僕には、その人がカッコイイとはとても思えなかった。

先に紹介した若い知人の場合は、彼の考える仕事のやりがいや価値観の先にその上司の姿を見つけたわけだが、僕の傍にいた島耕作さんは、僕が描く価値観の中には存在していなかった。すごい上司が傍にいたのに、僕には「視えなかった」のである。

自分がモデルとすべきような上司を見つけるには、まずそういう人が傍にいる必要があるけれど、それだけではダメだ。実際に、その人の内実を視る力が自分になければならないのだ。

そのためには、自ら仕事に没頭して、仕事の楽しさや難しさを知り、その難しいことを別次元でやっているような人を見てはじめて、「その人のようになりたい！」と切に思うようになる。

本当の意味で仕事に没頭しなかった僕に、それが視えなかったことは当然といえば当然であった。

僕のいうことが信じてもらえるかどうか、その言葉をある程度リアルに感じてもらえるのかどうか、かなり心もとない。

だが現に今、そういう上司を社内に見つけられずにいる若い人たちに、会社には自分の生き方のモデルとなるような人はいないと思っている若い人たちに、できるアドバイスはこういうことだ。

今は視えないかもしれないけれど、天狗の鼻をいったん叩き潰されてみれば、泥水の中に叩き落とされてそこであがいてみれば、それがきっと視えてくる。

今、そういう人が視界の中にいないように思えても、会社という組織の中には、そういう人たちが必ず存在していて、今もその不完全極まりないと思える組織を支えているのだということがわかってくる。

長く会社にいれば、やがてあなたにも、そういう人たちが視えてくることは確実だ。

だからもう少し、ほんのもう少し、あなたが今いる場所で頑張ってみてはどうかと思うのだ。

僕の後悔4●社内の人間関係にもっと関心を持てばよかった

社内の噂話が嫌いだった。

誰それがどこの大学卒で誰々の後輩とかいう話も、僕は退屈で仕方がなかった。先輩の中には人事部でもないのに、多くの社員の出身校と卒業年度を覚えている人もいた。当然、夜の付き合いの席での話題のほとんどは、社内の人間に関する噂話だった。

僕は、その手の話題にまったく興味が湧かなかった。

誰がどこの大学で何年卒かということが、なぜ覚えるに値することなのか、そんなことを知ったからといって、どんな得があるのか。まったくもってわからなかった。

確かに、飲み屋での話題としては面白いのかもしれない。

噂の中でも、特に人事の話題には、皆ひどく関心があるようだった。ちょうど、オヤジたちが日がなプロ野球の話題に飽きないように、社内の人事異動や事件というものは、関係者それぞれの人生が絡んでいて、ワクワクするドラマであることには違いないのだった。

そして、それはもちろん、大きさの違いはあれ多少なりとも自分の身にも影響が及んでくることでもあった。

だから皆、人事の噂については、玉突きのようにその影響が自分にも及ぶかどうかという意味から没頭しているようでもあった。


けれども、僕にはそれが生産的な話題であるとはとても思えなかった。

昼のワイドショーをずっと見ているようで、知的であるとは思えなかったし、まるで自分たちが危険がいっぱいの草原の巣穴から頭を出して、自分に及ぶかもしれない危機を回避するために耳をそばだてる野兎のように思えてうんざりだった。

そんなことに時間を使うなら、もっと仕事に役立ちそうな前向きの話をしたかったし、できればその場を離れて家に帰り、本の一冊でも読みたかった。


しかし、いわゆる情報通の人たちは、人事のことはもちろんよく知っていたし、社内の様々な事件についても耳に入れていて、僕らのいる会社という組織の実態を僕なんかよりずっとリアルに知っていた。

入社してしばらくの間は会社の末端にいるため、どうやって意思決定が行われているか皆目わからないように思えるものだ。会社には、神の目のようなものが存在して、必ず正しい判断が下されるものと想像したものだが、やがて神の目なんか存在せず、それぞれの決定は微妙なパワーバランスの下に社内の特定の誰かが行っていることがわかってくる。それはあくまで、職位者が決定したというかたちをとって行われるのだが。

できるといわれていた人たちのほとんどは「情報通」であって、そういうことをよく理解していた。あるいは、理解しようとして様々な情報を集めていた。

僕はといえば、そういうことは無駄なことであるし、加えて恥ずべきことであると思っていたから、社内の人間関係に関する噂話からはなるべく距離を置いていた。

もちろん、僕は心得違いをしていたのだ。

たとえば、最も印象的な出来事はこんな風に現れた。

僕がある部署の課長だった時のことだ。上司から「必要な人間を、誰でも引っ張ってこられる。誰がいいか必要な人間を言え」と言われて、僕はとても困った。ふさわしい人物が、誰も思い浮かばないのである。自分が知っていたのは、以前所属していた部署の人と、普段から業務上の接点のある人ぐらいで、肝心の職務をこなせそうな人を誰ひとり知らなかったのだ。

そして、結局引っ張ってきてもらった人は、仕事はできたが既にいるスタッフのひとりと仲が悪いことで有名な人物だった。

そのふたりの仲が悪いということは、実は周知の事実であって、知らぬは僕ばかりだったのだ。「大丈夫なんですか？」と部下に言われてぞっとしたが、もはや時遅しだった。その後、僕がふたりの間に立たされて、非常に苦労したことはいうまでもない。

また、ある時は酒席で新任の上司に呼ばれ、「俺の子分になれ。必ず骨は拾ってやる」と言われた。

任侠映画の話じゃない。百貨店という一見軟弱そうにみえる会社で、僕自身が本当に経験したことだ。

たまたま、着任直後に僕のやった仕事がその上司に評価され、僕のことを速攻で見込んでくれたらしい。けれども、そんなことを言われるなんて夢にも思わなかった僕は、思いっきり狼狽した。

会社に入ると、必ず派閥のようなものがあり、誰の派閥に入って誰について行くかということが、サラリーマンとしての将来を決めるという話は、ドラマで見たり本で読んだりしたことはあった。だが、自分の身に、そんなことがリアルに降り掛かってくるとは、とても想像できなかった。

しかし、課長や部長のレベルになると、誰について行くのか、誰の志に自分の身を預けるのかという分岐点が訪れることが確かにあるのだ。

その上司にしても、頭脳明晰で後に偉くなった人であり、会社という組織の現実の中で比喩的な言葉遣いをしたに過ぎなかった。


任侠の世界ではないのだから、どんな人物であれ誰かに命（会社生活）を賭けてついて行くなど馬鹿げているように思えるし、是々非々で判断することこそ、あるべき姿のはずだと普通は思うだろう。

だが、現実の会社生活では旗幟を鮮明にしなければならない時があり、それが将来を決める究極の選択になることだってあるのだ。

片や出世につながる道、片や出世コースからは外れるかもしれないが自分の美学に合っている道。

どちらにせよ、相手のことをよく知らなければ、ついて行くべき相手なのか、ついて行っても先のない相手なのか、そもそも判断のしようがないではないか。

僕はその時、どう答えたらよいものかわからず口を濁した。口を濁して何とかその場をしのげたと思ったのは浅はかな考えで、その人は僕の煮え切らない態度をみてこいつはダメだと思ったかもしれない。

その一件が僕の以降の会社人としての人生にどう影響したかは定かではない。定かでは

なったのだ。

ないが、確かに僕はその時否応なしにひとつの道を選んで、そこに自分を置いたことに

人間は感情で動く動物だとよくいわれる。

そうであってほしくない、物事を是々非々で判断して行動すべきだし、まさに「仕事」とはすべからくそうであるべきだと、若い僕は強く思っていた。

それぞれの部署を守る人は、そこに至る個々の物語がどうであれ、その私生活がどうであれ、現在の気分がどうであれ、ただ与えられた職務をこなせばいい。仕事以外のことなどは知ったことか、と思っていた。

けれども僕は、やがて組織の中で様々な仕事をうまくやるためには、部下にうまく動いてもらうためには、論理ではなくて感情こそが大事なのだということに気がつく。

そして人の感情とは、仕事がうまくいくとかいかないとかだけでなく、そのプライベートな生活からも大きな影響を受けているのである。

どうも反応が悪くなっている、僕の仕事の与え方が悪いのかなと、ある部下のことが心配になったとする。しかし、実のところ彼女は大事にしていたペットの犬が死んだこと、つまりペットロスにより、うつ気味になっていることがわかったりする。彼女がペットの犬をとても愛していたことや、その犬はクレドという名前であったこと、12歳のラブラ

ドール・レトリーバーであったこと、そんなことを事前に知っていれば、その部下の悲しみやそれが仕事に及ぼしている影響を理解しやすくなるというものだ。

あるいは、いまでこそ傍若無人に振舞っている営業部長も、若い頃にとんでもない失敗をして退職しかないというところまで追い込まれたが、本社のBさんに救ってもらったため、それ以後Bさんの言うことならなんでもきくらしいという話を知っていれば、いざという時に役立つかもしれない。

Bさんとゴルフでいっしょになるチャンスがあったら、大声で「ナイスショット！」と拍手して、自分の名前を覚えてもらうことがあるかもしれないではないか。

そういうことはすべて、本来ビジネスは直接関係のないことではあるけれど、感情こそが人を動かすということを知れば、決してそれをないがしろにすべきではないことが理解できるようになるはずだ。

組織とは、つまるところ人間の集合体であり、人間には感情があるということを考慮に入れないビジネス論には、リアリティがないのだ。

社内の人事や人間に興味がないということは、逆にいうと他の社員から自分も興味を持たれないということでもある。

これには少し説明が必要かもしれない。

たとえば、自分が社内の人間に興味があれば、たまたま社内の会議で同席した相手のことを知っているかもしれない。自分が相手のことを知っていれば、挨拶をしてこちらから話しかけることができる。相手にしてみれば、自分のことを知られていて嫌な気はしない。こいつは誰だろうと興味を持って、話し相手になってくれる。

そういう小さなことが積み重なって、社内でのコミュニケーションがスムーズになる。これは本当のことなのだ。

要するに、社内での噂話は大いに楽しめばいいのだ。

複雑な人間模様が見えてくると、『会社人生』という名のゲーム盤の上で行われていることも別の角度から見ることができて、とても面白いではないか。

それは無駄なことでも、恥ずべきことでもない。それぞれの個人が組織の中でどんな風に生きているのか、それをつぶさに観察することは人間学の王道ではないか。組織人ではなくなった今の僕には、そんな風にも思えるのである。

僕は組合活動が嫌いだったが、組合活動にもちゃんと取り組む価値があるように今では思える。

会社にいた頃僕は、経営に対して承認ばかりする御用組合の活動のどこに労働者の代表としての存在意義があるのかと、半ば腹立たしく思っていた。

しかし、組合活動にある程度関わることは、社内の他部署の人たちのことを知ったり、人脈を広げたり、会社の経営状態について学んだりできるという点で、非常に有益だ。社内で勝ち抜いていくための「ゲーム」では、かなり有利になるのである。

実際、組合活動をある程度熱心にやっている人たちは、僕なんかに比べて格段に多くの情報を持っていた。

ここでいう情報とは、社内にどんな人材がいるのかとか、社内政治の現状とか、トップがマーケットから突きつけられている問題とか、同業他社の動向等々である。

ただし、組合活動にすべてを捧げて、組合をベースに出世の道を探るのが出世への最短距離なのかどうかについては、僕にもよくわからない。

そこには別の力学も働くようなので、それはそれでかなりリスキーな気がする。会社によっても異なるが、僕のように毛嫌いせず、つかず離れずで組合ともうまく付き合うのが一番いいように思う。

社内の部活動、たとえば合唱団とかテニス部とかに所属する、あるいは同じ大学の卒業生の集まりに積極的に参加して幹事を買って出るとか、他にも社内の人脈を広げる手段はいろいろとある。

入社してしばらくは、そういう集まりに参加しても下っ端だから気苦労ばかり増えるはずだ。

たとえば、同窓の会に出席すれば20人、30人、ひょっとしたら何十人もずらりと並んだ先輩たちに囲まれて、落ち着かない状態になるだろう。

先輩たちの中には雲の上のような立場の人もいて、ビールの注ぎ方が悪いと言われるかもしれないし、挨拶する順番を間違えてたしなめられるかもしれない。その煩わしさを思い出すと、今でも気絶しそうである。とりわけ、内向的で社交性に欠ける僕のような人間には、氷の浮いている海に飛び込むほどの勇気がいるのだった。

僕は尻込みしてしまったが、そこに飛び込んでみる、そこであがいてみるだけの価値は確かにあったのである。

さて、会社生活を語る時、どうしても触れておかなければならないテーマとして、酒の付き合いをどうするのかということがある。いうまでもなく、酒席は社内の情報を仕入れるための最高の場であるからだ。

若い頃の僕は、上司に帰りに誘われるのが嫌だった。

僕が最初に仕えた上司のひとりは、まっすぐ家に帰るのが嫌なタイプの人で、仕事を終えて職場を出た後、別れ際に「和田くん、一軒だけ寄っていこうよ」と、毎日のように誘うのだった。

僕の方は、やっと仕事が終わって、その後のわずかな時間は自分の時間として使いたいと思っていたから、毎日のようにそれを断った。

上司にすれば、教えてやりたいこともいろいろとあるのに、付き合いの悪いやつだと思ったことだろう。

僕が仕事の後に酒を飲むことをできれば避けたいと思ったのは、飲んで帰ると、もうその日は本当に「終了！」してしまうからだ。食っていくために働き、やっとその時間が終わったのに、飲みたくもない酒を飲んでしまえば、その一日は本当に無意味になるように思えた。

また、酒に弱い僕は、家に帰って本を読むことも何かを書くこともできなくなってしまうのが辛かったのである。

もちろん、同期の若い連中と飲みに行ってストレスを発散するというようなことは、たまにやっていたのではあるけれど。

しかし、社内の人間のことを知るためには、上司や先輩に誘ってもらい酒の席でいろいろな話を聞くことが重要な機会であることは間違いない。

就業時間内には、業務と直接関係のないそういう話についてゆっくりと話す時間がない。

時間だけの問題ではない。昼食や休憩の時間に、上司や先輩と話をするチャンスはあるものの、その時のモードと勤務後の酒の席でのモードは当然のことながら同じではない。酒の席では誰しもある程度の本音をもらして、より深いコミュニケーションのできるモードになるのだ。一般に人は、酒が入ると本音をもらすものだ。だからこそ、その場で、上司の会社に対する本音が聞けたり、上司の上司に対する評価が聞けたりもする。また、現在会社で行われていることが、どういう歴史的背景のもとにそこにたどり着いたのか、というような話も聞くことができる。

そうしたコミュニケーションを勤務時間内にとることができればいいのだが、こちらはその気でも上司や先輩たちは仕事に忙殺されて、そんな話に時間を割く余裕はない。

ともあれ、社内の人間に興味を持てば、自然と上司の酒の誘いもさほど苦痛ではなくなるだろう。

ただし、同じ人と毎日毎日、同じ店に行って同じ話を聞いていても、時間の無駄というものだ。

世の中には確かにそういう人が存在していて、ハイハイとついていくと、いつの間にかそれが毎日となり、「今日は帰ります」と言うと目を吊り上げるような人もいるのである。中には、一回断ったら「二度と誘ってやらん」という困った上司もいて、面倒なこと極まりない。そういう人を相手に、絶対に断らず相手以上に飲むという豪の者もいるが、僕をはじめ、たいていの人はそこまで剛毅にはなれないだろう。

まあ、さすがに僕の体験は30年近くも昔のことだから、そんな上司は新世代が完璧に淘汰してくれたはずと期待するのだが、僕らの時代にはそんな人も確かにいたのだ。

しかし、そういう人は単に飲むための相棒が欲しいだけだし、同じ話を聞かされるだけでなく、暴れ始めて店に多大な迷惑をかけその後始末をさせられたりするのがオチだから、蛮勇を奮ってでもやんわりと断ればいい。ガツンと断れば、ガツンと返ってくるかもしれないので、そこは柳のごとくやんわりと断りたいものだ。

いずれにせよ、そういう人に尽くしても、会社でのゲームでプラスになるのは、限られた期間のことだけだ。

一方、普段あまり接点のない人、バリバリと仕事をしていて忙しそうな人、他部署の人、そういった人たちに誘ってもらったら、そのチャンスを棒に振るのはもったいない。

自分が営業部にいるなら、本社の人、特に人事部の人などから聞く話は、会社の現状を把握するための視野を大きく広げるだろう。

おそらく最も目端の利く人たちは、そういう部署の人たちが誘ってくれるのを待つのではなく、チャンスがあればそういう人たちに素晴らしい笑顔で近づいて、自分から誘ってくださいと言えるのだと思う。僕が酒の誘いはできるだけ断り、社内の噂話に使う時間などないと思っていた間に、目端の利くライバルたちは、自らそのチャンスを取りにいっていたはずである。

これだけ書いても、若い頃の僕と同じように、そういったことは潔しとしないという人もいるだろう。

僕のブログの反応をみていると、上司と飲む酒に何らかの価値を見出す若い人は、今では少数派なのではないかと思うこともある。だが、酒を介したコミュニケーションは大昔からずっと続いてきたもので、日本人にとり普遍的な習慣のひとつなのではないだろうか。

もし、あなたが、業務において、経営能力において、競争相手よりも何倍も優れている、あるいは社内政治などではなく、純粋に業務に集中することで、将来ずば抜けた存在になる自信があるというのなら、それでいいかもしれない。

確かに、そういう人たちは現実に少なからず存在している。

ただし、その能力が競争相手とどんぐりの背くらべの状態であれば、社内のことをよく知っている相手に負けてしまう可能性が高い。

時間の積み重ねが長い間に大きな違いを生むことと同じである。人とのつながりは、レバレッジとなって、どこかのタイミングで大きな違いを生むことがあるのである。

能力的にはさほど変わらないと思われるグループの中で誰かが抜け出していく時、そういうレバレッジが効いていることが多いように思う。能力の差が誰の目にも見えるほど顕著でなければ、引っ張り上げられる人が選ばれるのは、引っ張り上げる上司がその人物のことをよく知っていて、意識的にか無意識のうちにかは別として「信頼できる」という下駄をはかせている場合が多い。

望み得る最高の状態とは、ずば抜けた実績を継続的に上げて、社内の誰からも知られているという状態になることである。それができないとすれば、なるべく社内の人間に知られる努力をしなければならない。

そして、そのための最も近い道は、自分から社内の人のことを知ることなのである。

このことは肝に命じておいてもいいだろう。

僕の後悔5●思い上がらなければよかった

自分なりに、かなりの業績を上げて会社に大きく貢献したと思うことが何度かあった。たぶん、その時の僕の顔は、鼻持ちならないものだったと思う。

会社人が忘れてはならないことのひとつに、会社人生はマラソンのような長いレースであって、決して短距離レースを走っているのではないということがある。

僕の周囲からはたまたま多くの取締役が出たが、彼らは売上を飛躍的に伸ばしたとか、目に見える大きな貢献をした人ばかりではない。

なぜなら、ゲームの勝敗は何十年という期間の中で決められるからであり、1年間という短距離競争ではなく、競っているのは区間記録ではないからだ。

僕は課長だった頃、特に催事場の企画を任されていた頃、自分なりに目覚ましい成果を上げたと思えるような成功がいくつかあった。既存の催事の大きな増収を果たし、新しい催しをいくつか成功させ、母数が年１００億円ぐらいの売上をそれなりに達成した。僕の鼻が一番高かったのはその頃だった。思えば遠くまで来たものだ、と思った。新入社員の頃は少しでも早く帰りたい一念で何とか毎日仕事をやり過ごし、マネージャーになりたての頃は女子社員に泣かされ、ようやく一皮むけて仕事の面白さを知った。それがいつの間にか仕事がすべてとでもいわんばかりの仕事人間に、僕は生まれ変わっていたのである。

会社の、僕の場合は店舗の、大きな部分を自分が動かしているような気がしていた。店の売上も上司も、僕の上にただ乗っかっているだけのようにさえ思えた。

何たる思い上がりだろうか。

しかし、そんな風に思い上がってしまうのはひとり僕だけではなく、おそらく同じような落とし穴に落ちてしまう人がかなりいるのではないかと思う。会社に勤めて10年ぐらい経ち、それなりに自分の居場所を見つけて成功体験を重ねていくと、人は一種の万能感のような感覚を抱くのではないかと思う。

実際、僕のように自信満々で現場を仕切っている人間は何人もいた。彼らは係長だったり、課長だったりしたのだが、店を実質的に動かしているようにみえた。

おおむね大事なことは、そういう連中の間で合意されて初めて、ことは前に進むのだった。部長も、自分の直属上司も、そういった現場責任者の合意事項を承認することで物事は前に進むのだった。

しかし、である。

今から思えば、僕にとってその時代が会社人としての分岐点だったのではないかと思う。たとえば、人事の僕に対する評価は、僕の自己評価と大きな隔たりがあるようだった。それまでは昇進対象の第一線に位置していたはずだったが、その後は昇進に遅れるようになった。それは僕だけでなく、現場の一線で大きな売上を上げていたような人たちの中にも、昇進できなかった人が多くいた。

会社の評価は、僕らが普段感じているものと違うのだと思い知らされた。

昇進の第一線から遅れ始めた時、僕は何でもないふりをしていたが、正直なところ大きなショックを受けていた。しかも、人事から漏れ聞く話によれば僕の評価は中の上程度ということらしく、ショックを受けること自体が大きな勘違いであったようなのだった。

この時期の人事評価というのは本当に悲喜こもごもで、評価を巡って文字通り悔し涙を流した人だっていた。40歳を越えたおじさんが、自分の人事評価、つまり昇進できないことを突きつけられて涙を流すのである。

若い社員諸君は、そんな悲喜劇が起きていることをよもや知るまい。驚くかもしれないけれど、会社の評価と自己評価の落差に涙を流すことなど、ほぼすべての会社で普通に起きていることなのである。

僕のように現場の一線を仕切っていた人たちは、自分が文字通り会社を背負って頑張っていると思っていた。そして、会社からもそう思われていると。ところが、ちょうどその頃、会社は会社にとって役に立つ人間とそうでない人間の選別を始めていたのである。

その時期、それはたいてい数年間のことだが、自分が現場の一線でバリバリ働いていた時期に味わった万能感のようなものは、人間を尊大にする。

尊大になってそれが普通になると、尊大であることが自分の身につけた服のようになってしまう。

たとえば、その時期の僕は、必要な承認の手順をよくすっ飛ばした。本来、上司に相談すべき案件を独断で進めたりした。組織の一員として当然上司に上げるべきことも、いちいち上司の承認を得るのが面倒という理由を自分の中でつけ、それを無視してことを進める。そうしたやり方が、何というか、自分が大きな存在になったような気がして痛快に思えたのだ。

小さなことでいえば、たとえば出張経費が限られていると知ってはいても、スケジュールを先に決めてしまい、すべての段取りをつけてから「明日から北海道へ行ってきます」

などと言って出張申請の判を強引にもらったりした。「おまえは行くと決めてから、持ってくるんだな」とその時の上司は苦笑いしていたが、僕の申請に判を押すことによって、他の部署の申請に充てる予算がなくなってしまうかもしれなかったのだ。

そういう小さなことから、やや大きなことまで、僕はまるで上司など存在しないかのように振る舞っていた時期があった。

また、僕は厳しい正論をもって度々上司を突き上げた。自分がこれほど頑張っているのだから、上司も上司としての仕事をするべきだとして、容赦しなかった。

自分がギリギリのエッジを歩くような仕事のやり方をしているのだから、上司もそのような仕事の仕方をすべきだと、その頃は本気で思っていた。そんな仕事の仕方をしている僕を、少なくともじゃますることなく、動きやすくするのが上司の役割ではないのかと。

「そこまで言うか」と、はっきりと呆れられたこともあった。

そんな調子だから、上司から下りてくる指示に納得できない時には、当然のことながら激しく抵抗した。無理難題や無意味な指示をそのまま上から受けてきた上司のいい加減さが我慢できなかったし、それをそのまま自分の部下に下す気にはとてもなれなかった。

「ハイハイって受けておいて、やるフリをしろよ」と先輩は言っていたが、確かにその方が波風は立たず、結果的に浪費されるエネルギーの総量が少ないに違いなかった。

だが、社内を肩で風を切って歩いていた僕には、そういう解決の仕方は自分の負けのように感じられたのだ。

正しいことをする、意味のあることをする、誰かの顔を立てるためだけのような仕事はしない、そんなことにこだわっていた。たとえ波風を立てたとしても、結果的には組織にとってはその方が良いのだと。

さて、会社人は多くの場合、次のステップのために他の部署への異動が用意される。ところが、いったん万能感と尊大さをまとってしまうと、新部署での新しい仕事に対して、一から学びながら謙虚に取り組むことが難しくなってしまうのだ。

なまじそれまでの仕事で上げた実績が大きければ大きいほど、新しい部署で何ともならない自分の状態にイライラすることになる。

僕はまさにそういう状況に陥った。

催事担当からプロパー企画担当に移った時（それはいわば栄転であったのだが）、どうしても自分が納得できるレベルの仕事ができなかった。

ちなみに、プロパー企画とは催事以外の一般売場のディレクションをする仕事なのだが、僕にはファッションのディレクションをする資格があるのか、おしゃれでもない自分がそんなことができるのか、そんな悩みを引きずったまま、部下や営業部にいわれたことをそのまま受け入れながら、ああでもないこうでもないと悩む、という状況になってしまった。

実際のところ、プロパー企画担当というのは、ひとつのエリートコースであり、そのポストから多くの店長や取締役、さらには社長までが出ている。

百貨店の仕事であるから、そのポストの担当者もファッションについては熟知しているものと思われるかもしれないが案外そうでもなく、ファッション畑を歩かずにプロパー企画担当のポストにつき、その後さらに階段を上がっていった人も多くいる。

振り返って、僕がなぜそんなにもそのポストで苦労したのかと考えると、ファッションが苦手なまま、ファッションの現場を知らぬままにそのポストについたということはひとつの大きな要因だけど、「ファッションはわからないけど」と開き直ったまま、飄々とそのポストをやり抜くという「柔軟性」がなかったことが大きな理由だったのではないかと思う。

前のポストで大きな自信をつけ尊大になってしまった僕は、次に用意された上位の席をうまくやり過ごすことができなかった。

催事担当のポストでやってみせたような大きな成功を、新しいポストでも早く成し遂げなければと思い過ぎていた。いわば、短距離で注目されるタイムを出してしまったために、次もまた同じように短距離でずば抜けたタイムを出さなければならないと思ってしまったのだ。もともとプロパー企画というポストは、目に見えるような大きな成果や即効性が求められるポストではなく、現実的な施策と調整が主要という仕事の性格だったので、そういったことを目指すこと自体、誤った認識であった。

しかし、「和田さんは催事の時はすごかったのに、プロパー企画になってからは本当に苦労されてますね」などと宣伝部の若手から言われたりすると、「ほどほどでいること」「雌伏の時期として何を言われても笑い流して牙を研ぐ」といったことができなかった。その言葉を自分に対する批判と受け取り、胸に溜め込んでしまった。

僕の周囲にいてその後偉くなった人たちが、そんな僕とどこが違ったのかというと、彼らは上司との距離感が絶妙だったということにつきる。

中には、僕のように尊大になっているようにみえていた人もいるが、よく観察すると、皆一様に上司との付き合い方がとてもうまかった。

僕のように面と向かって反論したり、ウルトラCの解決策を期待したりしない。

自分が何をやりたいかということよりも、上司が何を求めているのかということに敏感で、いつも上司の誰かのために仕事をしている感じだった。

過激なことや威勢のいいことを言ったりしているようでも、攻撃してはならない相手を冷静に見極めていて、直属の上司や将来自分に対して影響力を持ちそうな相手に対しては、決して失礼なセリフなど吐かない。

また、常に謙虚な姿勢を崩さない人もいる。そういう人たちは、人事異動で慣れない部署に移っても、僕のように最初から自分ができる人間だということをアピールしようとして焦ることもなかっただろう。

組織人には、4種類の人間がいるという。

① できるが使いにくい人間
② できる上に使いやすい人間
③ できない上に使いにくい人間
④ できないが使いやすい人間

ゲームに勝ち抜き、組織の中で将来重きをなそうとするのであれば、はっきりと意識して②の「できる上に使いやすい人間」を目指すべきだった。

「できるが使いにくい人間」は、自分で将来の昇進のチャンスを潰しながら上に進もうとしているようなもので、いつか必ず天井にぶち当たる。

このことは会社組織におけるシンプルな真実であり、組織人なら皆わきまえていると思うのは大きな間違いだ。①の「できるが使いにくい人間」がかなりいる。

入社後、若くて覇気のある人たちは得てしてそういう風になりがちだが、「若いから」と目をつぶってもらえることも多い。だが、それなりの地位になっても、バリバリに活躍中の課長時代でも、僕のようにそういう認識が薄かった人間もいるし、さらに上の部長や取締役のレベルになっても、そういう理由で潰れてしまう人を僕はみてきた。

先輩から聞いた「あの人は高転びしたな」という印象深い言葉を今でも覚えている。それは、高いレベルまで出世した後、その時のトップの意向を汲めずに自ら道を閉ざした人のことを評して言った言葉だった。

それは組織の中で生きる人間が、誰でも陥りがちな罠なのである。

組織人とは、オーナー企業でもない限り、どこまで偉くなろうと上と下に繋がれたチェーンのひとつに過ぎない。部長の上には取締役がいて、取締役の上には専務がいて、専務の上には社長がいて、社長の上には株主がいる。

「使いやすい人間」は、決してそのことを忘れない。

しかし、多くのできる人間は実績を積むと尊大になり、自分が上司をも動かしていると錯覚してしまう。その結果、自分の哲学や主義と上司の望むことがぶつかってしまった場合ギリギリまで抵抗し、結局「転んでしまう」ことになる。

「ああ、彼もビジネスマインドを失ったか」と言って、ある時トップが嘆いたという話を伝え聞いたことがある。そう嘆かれた相手は誰もが認める大きな実績を上げた人だったが、その時の彼の考え方はトップと相容れなかったらしい。その人は、そこで会社を去ることになった。

経営サイドと現場サイドの意見が対立する時の論点は、一般に次のような点だ。

- 長期的な利益 vs 短期的な利益
- 理想的な判断 vs 現実的な判断
- 人に対するポジティブな見方 vs 人に対するネガティブなあるいはニュートラルな見方
- 従業員の利益 vs 株主の利益

当然のことながら、前者の見方になりがちなのは従業員とともに様々な成功体験を重ねてきたやり手の管理職であり、後者の見方は常にマーケットの論理にさらされているトップのものになりがちだ。

最終的に議論を制するのはトップに決まっているのに、なぜ自分の意見に固執して結果的にキャリアを潰してしまう人が多いのかというと、「出世よりも自分の哲学・生き方を貫く」か「トップのために自分の哲学や生き方を曲げる」か、という究極的な選択を迫られた時、前者を選ぶ人が多いからだ。

なぜ前者を選ぶかというと、損得の問題ではなく、その人の人生そのものに関わる問題となってしまうので、わかってはいてもその道を選ばざるを得ないからだ。

「自分の生き様や哲学を曲げない」というのもひとつの生き方であり、それで会社での出世を諦めるというのはひとつの見識である。

会社というゲームで勝つことが、必ずしも人生の勝利でないことは明らかだ。そういう生き方を選び、会社を去っていった多くの人たちを僕はみてきた。

けれども問題なのは、そうした覚悟もなく自分の生き様を貫こうとして、上司や組織の意向に逆らう人たちだ。

たとえば、僕である。尊大になっていた僕は、上司に何と思われようと組織で必要なことを実行していくんだと思っていたのだが、その時ゲームで負けてもいいという覚悟をしていたかというと、ぼんやりとは意識していたにしても差し迫った実感としてそれを感じることがなかったのである。


僕は正しいことをやっている。正しいことは組織でも結局は認められるはずだ。

僕はそれを「信念」というものだと思っていた。しかし、「信念」というと聞こえはいいが、たいていの場合それは物事に対する方向とか姿勢に過ぎない。したがって、それが正しく作用する時もあるし、反対方向に作用してしまう時もある。究極的には、組織というものは何らかの理由で正しくないことを止むを得ずしなくてはならない時だってあるかもしれないのだ。

いったん変えられない（変えたくない）「信念」を持ってしまうと、組織が変わらなければならない時に、それが邪魔なものになることもあるのである。

僕はいつも自分が「信念」を持って行動していて、それは時々に変わる上司によって左右されるようなものではなく、かつ組織にとってプラスになりこそすれマイナスの影響など及ぼすはずがないと思っていた。


組織のどのポジションにも、残念ながら僕のような勘違いをしている人が多いような気がするのだ。そして彼らは、自分の会社で高みに上る道を探そうとして、自らコンパスを投げ捨てるような行為をしていることに気がついていないのである。


あなたは今、かつての僕のように会社で大活躍している。少なくとも、自分ではそう思っているとする。

ならば、肝に命じてほしい。

僕が失敗したのは、その時に思い上がったからだということを。

あなたが参加しているのは、マラソンレースだ。区間賞はめでたいには違いないが、ただそれだけのことだ。レースはまだまだ続く。区間賞で得た称賛など忘れてしまおう。とにかく、今は淡々と走ろう。

これから先、あなたは転んでしまうこともあるだろう。今手にしている称賛が大きければ大きいほど、その時の嘲笑は大きくなるものだ。

僕の後悔6●できない上司や嫌いな上司に優しくすればよかった

僕が会社生活を振り返って、今でも深い後悔の念を感じるのは、上司や先輩に対して優しくできなかったということだ。

意外にも、自分の部下に対して冷淡であったとか、ひどいことをしたという記憶はない。仮にそういうことがあったとしても、すぐに申し訳なく思い、謝ったり態度を改めたりしたはずだ。まあ、人間というものは自分に都合の悪いことはすぐに忘れるので、ひょっとすると部下を傷つけていても忘れてしまっただけなのかもしれないが、僕の記憶にはない。

特別僕が立派だったわけではなく、自分の部下に対して度の過ぎた圧力をかけてはならないと考えるのは、上司としてごく普通の感性だ。パワハラという言葉もあるように、職制上弱い立場にある人間に、自分の地位を利用して理不尽なプレッシャーをかけたり傷つけたりすることが許されないのは、今や常識となっている。

だが僕はその一方で、職制上自分より強い立場にいる上司に対して楯突いたり、面目を失わせたりすることは、自分の勇気や義侠心を証明することではあっても、悪いことだとは感じなかった。自分や部下が人間として普通に弱いところがあることは認めていたくせに、上司も弱い人間であることを決して認めようとしなかったのである。

会社を離れて既に十年以上になるが、かつての同僚たちが僕を呼んでくれることがある。そんな時に、昔の上司であり、僕が面と向かって刃物を突きつけるような批判をした人に会うことがある。

その人は、義侠心のあるやり手の仕事人で、僕はずっと大好きだった。彼は、元々の専門分野で大きな功績を残した後、人事異動でたまたま僕の部署の上司となり、まったく経験のない仕事をすることになった。好ましく思っていた人ではあったが、それとこれとは話は別とばかりに、当時の僕は彼に対して仕事上で相当厳しいことをいっていた。

今でも鮮やかに思い出す場面がある。

数人のチームでミーティングをしていた時だ。当時の上司だったその人に、僕はいつもの調子で、厳しい社内調整を求めた。異動してきてまだ間もない頃で、その人は業務に慣れていなかったのだが、僕は容赦しなかった。

その人が「そこまで言うか……」と顔を歪めて絶句した様子を、僕ははっきりと覚えている。

僕が会社を辞めた後の話だが、ある集まりの幹事を引き受けていた時、僕はその人にも声をかけた。

飲み会が終わった後、たまたま帰宅する方向が同じだったので、その人をタクシーで家まで送ったのだが、その時はじめて僕は当時のことを詫びた。

その人はただ笑って「そんなことがあったっけ、もう忘れたよ」と言ってくれた。だが、確かにその時期は本当に辛かったとも言っていた。

いつもの最高の笑顔で笑い流してくれたようにもみえたけど、もちろん笑い流せるようなことではないはずだと、僕は改めて思った。

大好きだったその人に、なぜ僕はもっと優しくできなかったのだろう。

彼は、やるといったら必ずやり遂げる人で、上司にも部下にも情に厚い人だった。ただ、たまたまその時その業務に不慣れなだけであることをわかっていて、僕はなぜその人を助ける側に回らなかったのだろうか。なぜ、あんな風に突き上げたんだろうか。

その後悔の念は決して消えない。


あまりに利己的過ぎると思えるような上司に仕えたこともある。そんな時、僕と上司の関係はいつも最悪だった。相手にも僕が嫌っていることが、はっきりと伝わっていたのだろう。きっと、僕は失礼なことをたくさんしたに違いない。そして、僕の言動のせいで辛い思いをさせたに違いない。

そういう人のひとりが僕のことを、「できるけど、しんどい部下」と評していたそうだから、よほど手を焼いたのだろう。申し訳なかったと思う。

自分を含めて、人間は誰でも不完全なものとわかっているのに、なぜ上司に対してはそんなに厳しくなってしまうのだろうか。

どうしても上司が好きになれなくて、ある時ひとりの先輩に相談したことがある。「あんな人のために働く価値なんてあるんでしょうか」と。

その先輩はどんな上司であっても、望まれることを次々と実現できるような人だった。僕が嫌いだったその上司ともうまく付き合って、その人のために熱心に仕事をしていたので、その先輩の意見をぜひ聞いてみたかったのだ。

その上司と信頼関係を築いているように思えた先輩の返答は、意外なものだった。

彼はその上司について、「確かにアタマは切れるけれど非常に利己的な人だ」と言ったのだった。ここで書くことは憚られるような具体例を教えてくれ、さらにこう諭してくれた。

「そういう人だと割りきって付き合うといいんだよ」と。

確かに、その先輩が言うように、僕はそういう上司を好きになる必要はなかったのだ。そういう人だと割り切って、嫌われることのないよう、望まれる仕事をちゃんとこなせばよかったのだ。

ともかく、僕は上司とよくぶつかった。上司と意見が異なる時には、激しくやり合った。特に、自分の部下や信頼する取引先を巻き込まざるを得ない時、僕は激しく抵抗した。部下や取引先との関係を、上司との関係より大切にしようとしていた。

果たしてそれでよかったのだろうか、と今になって思う。

たとえば、上司の指示が間違っていることが明らかな場合、僕はどうするべきだっただろうか。上司との関係を損なわず、なおかつ自分の部下との信頼も失わないという方法はあったのだろうか。

もちろん、情理をつくして説明し説得するしか方法はないのだが、指示は覆らないことの方が多い。上司もうまくいかないかもしれないと思ってはいても、立場上、既に引っ込みがつかなくなっているような場合もある。

いうべきことをいって、それでも受け入れられなかったら、しぶしぶ承諾してチームに持って帰る。それで部下を説得できなければ適当にお茶を濁す。サボタージュする。

それが最も波風が立たない対処方法であり、多くの同僚のマネージャーたちがとっていた方法でもあった。僕は、せめて上司の指示に対して大っぴらに反発せず、そういう風に穏便にすませるべきだったのかもしれない。

しかし、それも間違いだったなと、今では思っている。

小さな規模とはいえ、自分で経営というものを経験してみるとわかることがある。上司と意見が対立した時の最も適切な対応とは、「意見はいうが指示を受け入れる。そしてチーム一丸となり全力で指示された仕事にあたる。その結果、失敗したならその内容を速やかに報告しフィードバックする」ということだ。自分が経営者となって、身にしみてわかったことである。

確かに現場は客に近く接するため、よりリアルでミクロな情報を豊富に持っているが、組織の上層部は現場よりはるかに広い視野と異質な情報を持っている。現場では無理難題と思われることも、実はそれまでの常識や習慣に囚われていて、実際にやってみるとうまく機能することだってある。

無駄かどうかは、やってみなければわからない。できるかもしれないと思ってチームで知恵を絞って取り組んでみれば、素晴らしいやり方が生まれることもあるのだ。

どれほど失敗が自明だとしても、部下を説得してチームを動かし、最大限の努力を引き出してトライする。そして、その結果をなるべく早く上司にフィードバックする。

そうすれば、失敗の原因は明らかにその指示であることがわかるので、上層部は次の手を打つことができる。指示が実行されたかどうかはっきりとしないままでいると、責任の押し付け合いとなり、その指示が正しかったかどうかすら、わからないままになる。

現実のビジネスでは、多くのトライをして多くの失敗をするが、そこからいくつかの成功例も生み出される。その内実をいかに早く組織にストックできるかどうかが勝負なのだ。

そして、中間管理職の仕事とは、トライした結果が「失敗」だったか「成功」だったかを、なるべく早く、ありのままに上司にフィードバックすることなのだ。

自らのチームに「最速で結論を出す」覚悟さえあれば、僕も上司の指示にいちいち反発し、不必要な関係悪化を招くこともなかっただろうと今なら思えるのだ。

上司を嫌えば、まるで鏡に写っているように相手からも嫌われる。上司にきつく反発すると、相手からも厳しく扱われる。そして、上司が利己的であればあるほど、理屈抜きに自分に対する処遇は厳しいものとなる。

なんといっても、考課表は相手が握っているのだ。

他に応援してくれる人が多くいても、その時、その時の考課表をつけて、その時その時の人事異動や処遇に最大の影響力を行使できるのは自分の上司だ。大見得を切って楯突いた返礼は、その後の会社生活を左右するほどの影響力を持つかもしれないので、注意が必要だ。

結局のところ昔から変わらぬ真実、どんな上司であれ上司に好かれることが、『会社人生』というゲームを勝ち抜くための必須条件だ。

僕の周囲から取締役になった人たちの中には、部下から熱烈に慕われる人もいたが、さほど人気のない人もいた。ただし、皆一様に上層部からは可愛がられていた。

今から考えると、どんな上司であれ、どれほど利己的な、人間的には好きになれない上司であれ、自分が仕える時々の上司すべてにできることなら好意を、少なくとも嫌われないようにすることは、ゲームにおける必勝法のひとつであった。

もちろん、あなたがサイコロを三つ持っているなら、ずば抜けた能力を持っているのなら、嫌いな上司のことはぶっちぎって、さっさと先に進めばそれでいいのかもしれない。だが、あなたの能力がほどほどなら、足を引っ張られるようなリスクをわざわざ犯すものではない。

僕の場合、それができなかったのは、あまりに突っ張っていたからだ。あまりに純粋にあるべき姿を求めたために、わかってはいても自分の中の何かがそうすることを許さなかったのだ。

さて、僕はこの章で、ゲームを有利に戦うには、どんな上司であれ優しく接し嫌われないようにした方が得策だと書いた。

しかし、僕がこの章で本当に書きたかったことは、もうひとつある。

僕が会社員だった頃、とても世話になった先輩がいた。

同じ部署で机を並べていた時はその力量にまったく及ばず、僕はいつも教えてもらったり、助けてもらったりの連続だった。微妙な問題が起きて、どうしても自分では判断がつかない時、必ずその人にアドバイスをもらいにいった。そして、その先輩はいつだって、教科書的ではない地に足のついたリアルなアドバイスをして僕を助けてくれたのだ。

その先輩がいなければ、僕はロールモデルもないまま、本当にそこで潰れていたかもしれなかった。

その後、また別の部署でその先輩と机を並べて仕事をすることになった。

しかし、悪いことにその人は、その時の上司と折り合いが悪かった。一方、僕はといえば、その上司とはツーカーの関係になっていた。

ある時、その先輩が上司に呼びつけられて、皆が見ているところできつく叱責された。叱責の原因となった事柄は微妙な判断線上にあり、確かに気を回せばそこまで考えた方が良いが、だからといって人間性を全否定されるほどのものではなかった。

先輩は上司の机の前で（その机は僕の机のすぐ傍にあったのだが）うなだれて、激高した上司の叱責にひたすら耐えていた。

その上司は、その日よほどムシの居所が悪かったのだろう。バミューダー海域で発生するハリケーンのごとき最大級の叱責の嵐は、長い間収まらなかった。

気が済んだ上司は、次に僕を呼んだ。それは何かの相談に過ぎなかったのだが、気分の良くなった上司は、ことさらに大声でそのアイディアを話した。

僕はいつものように上司が喜びそうな返事をして、大いに上司を笑わせた。そして、僕もつられて大きな声で笑った。


僕はなぜその時、せめてもう少し違う対応ができなかったのだろうか。

なぜ、上司との話をそこそこで打ち切って、自分の席に戻らなかったのだろうか。

なぜ、自席で茫然自失しているような様子の先輩を視線の隅にとらえながら、大きな声で笑えたりしたのだろうか。

なぜ、その日の適当な時間に声をかけて、その人を励ましてあげることができなかったのだろうか。

なぜ、先輩があんなに落ち込んでいた時に、僕は恩を返すことができなかったのだろうか。

先輩は僕と年次も近く、いわばライバルであったから、彼が叱責されていることを本当は心の底で喜んでいたのではないだろうか。

僕とその先輩は、職場が変わって久しく、自然と付き合いは薄くなったから当然のことかもしれないけれど、以前感じていたような絆は失くなってしまったように感じる。

その先輩にもたまにお会いすることがある。もちろん、ふたりとも大人だから、その微妙な一幕について僕がことさらにお詫びすることはない。

けれども、僕は今でもその時のことを鮮やかに思い出して、悔悟の気持ちで一杯になる。そして、心の中でそっと詫びたとしても、やはり僕は取り返しのつかないことをしてしまったような気がするのだ。20年近く経った今でも、そのことは僕の心に刺さっている。

それは、損得勘定でも、ゲームに有利か不利かという話でもない。ただ、優しくできなかった自分と、そのことでかけがえのない人間関係を失ったことを残念に思っている。

この先輩や僕が突き上げて迷惑をかけた元上司に会う時、僕は心の中で精一杯頭を下げるのだ。けれども、自分がしたこと、それによって失ったものは、二度と取り戻せない気がするのである。

アメリカの作家ジョージ・サンダース氏が、2013年、シラキュース大学で行った卒業生へのスピーチが大きな話題を呼んだことがある。日本ではさほど知られていないこの著名作家のスピーチは、こんな内容である。

存分に夢を追え、富と名声を求めて、頑張ってみろ。

ただし、人を愛することを忘れるな。若いうちは実感できないかもしれないが、誰でも、人を愛する気持ちは、歳をとるごとに高まっていく。

何も達成していないと思われる自分の両親が、あなたを愛することで、あれほど幸せになっていることをみれば、そのことだってわかるだろう。

成功を求めて走れば良いが、一番大事なことは、他者を愛する心が高まることのスピードを上げることだ。

このスピーチは、大きな共感を呼んだ。

彼のスピーチはネット上で拡散された後に本にもなり、卒業生に向けたギフトなどに使われて好評のようだ。ネットで検索すれば、動画も英文の原文も日本語訳も見つけることができるので、未読の方にはぜひ読んでいただきたい。

ちょうど、僕もサンダース氏と同じような世代であり、そのスピーチに深く共感した。

そんな彼が、人生で一番後悔したこととして、子どもの頃に近くに住んでいた女の子の話を述べている。

近所に住んでいた彼女は、クラスでいじめられていた。家が近い彼は、朝、彼女が学校へ行く時間になっても学校へ向かう勇気が湧かず、呆然として家の前に立ちつくしているところを見ていた。

彼はそのいじめに参加はしなかったけれど、そんな彼女を、そうやって苦しんでいる彼女を、積極的に助けなかったことを、今でも思い出して残念に思うといっている。

僕も、彼と同じように優しくできなかった自分を悔いている。

僕のことをずっと見つめていた祖母に優しくできなかったのと同じように、迷惑をかけた上司のことや頼りにしていた先輩のことを折に触れて思い出し、功利的な意味ではなく、純粋に自分が失ったものの大切さに胸が傷み、残念に思っているのである。

僕の後悔7●もっと勉強すればよかった

もっと、もっと、僕は勉強するべきだった。

たとえば、経営陣が市場から突きつけられている問題をもっとリアルに実感するために勉強すべきことはあったはずなのに、ただ漫然と日経新聞を読み、あるいはランダムにビジネス書を読んで勉強した気になっていた。

僕は、必要なビジネススキルを身につけるように努力すべきだった。しかし、何をどう勉強するべきだったのだろうか。

僕はいつも、必要だと思えば自分でその素材を探してきて、ひとりで勉強する質《たち》だった。たとえば、高校生まではほとんど学校の授業を聞かず、授業中は好きな本を読んだりして過ごし、家や図書館で自分が選んだ参考書で勉強するのが常だった。

その自立的な学びのやり方、独学の方法には優れたところもあり、会社を辞めて独立してからはとても役に立った。

しかし、この方法には大きな弱点があった。それは、何をどう体系的に勉強するのかという指針になるものがない、ということだ。

実際にやってみないと学べないこともたくさんある。僕のような者にとって、たとえばマネージメントはその最たるものだった。

世の中には、生まれついてのリーダーという人間がいる。そういう人間は、子どもの頃から自然とリーダーシップを学ぶ。遊んでいる時とか、クラブに入ってスポーツをする時とか、あるいは自然と周囲から推されて学級委員長をやらされたりして、リーダーとしての能力を身につけていく。

しかし、僕のようにそうでない者は、実際にマネージメント業務をやる段になってはじめて、リーダーとしての行動のノウハウ、考え方を学ぶことになる。

だが、知識として学んでおくべきことや、先に習得しておくべきスキルは確かにある。もし、会社人生というゲームに勝とうと思うなら、そうしたスキルを体系的に、かつ継続的に学ぶべきだったのではないか、と今では思う。

そして、いまさらながら気づかされるのだが、仕事における真理というものは、京セラの稲盛さんのおっしゃるように案外シンプルなものなのではないかということだ。

たとえば、僕がこれまで読んできた経営学や小売業やビジネストレンドについての本を積み上げたら、さすがに東京タワーとまではいわないが、おそらくバスケットのリングを軽く超える高さになるだろう。

しかし、僕は勉強の方法を間違えていたのではないかと思うのだ。いわば異口同音の、同じ真理が少し違う衣をまとって提示されていた本を、次々に読んでいっただけではないのか。本来は、コアとなる教科書をそれぞれの分野で数冊読み、現実の世界の体験でそれを深めれば事足りたはずである。

そういえば、僕の同期や近い年次の人たちの中で、取締役になった人の多くは商学部や経営学部、経済学部の出身であった。

僕は生来、前述したような学び方をする人間だった上に、大学は農学部水産学科で経営や経済について体系だって深く学ぶチャンスがなかった。もちろん、在学中はバイトやクラブ活動でロクに授業に出席しなかった人間だから、経済学部に席を置いていたとしても同じことになっていただろう。

だが、大学のゼミで「小売業」について徹底的な勉強をしてきた人は、その知識に一本筋が通っていたように思う。

もちろん、経済や人々の生活の変化は早い。たとえば、ネットやスマホがわずかな間に人々の生活をどれほど変えたかを考えれば、そのスピードには一種の恐怖感を感じてしまうほどだ。しかし、そうした変化に敏感であることは、ビジネスの世界で生き残るための必須のマインドだし、様々なチャンスも生む。それは、企業にとっても個人にとってもそうだ。特に新しい業種の企業には、それが生死を分けるほどの重要度を持っているだろう。だから、人々の生活や意識の変化、最先端のトレンドに敏感でいることも必要なことなのだ。ただ、その反面、些細な変化ばかりに目を奪われていると、未来に対する本当に必要な洞察力を失ったり忘れたりしてしまう危険がある。

僕が会社にいた時、「将来、百貨店業界全体の売上がどれほど縮むか。そして、業界の将来はどうなるのか。いま自社はどうすべきか」ということについてトップがどういう見方をしているのかを聞いて、大きな衝撃を受けたことを覚えている。

当時の僕は営業企画部にいて、未来についてある程度のイメージを持っていたはずなのだが、10年後の業界の売上について数字に裏付けられた明確な予測はできていなかった。その時にトップが予想していた売上予測は驚くべきものだった。しかし、既知のデータから冷静に予測すると、確かにそういう数字になり得るのであった。

もし、僕が必要十分な勉強をしていて、未来に対する洞察力を身につけていたとすれば、トップからわざわざそんな話を聞かなくても、自社のビジネスの重大な変化を予測して、何年後までにどんな成果を生むどんなチャレンジが必要であるか、もう少しリアルに感じることができていただろう。

まさに、「木を見て森を見ず」というような状態だった。

僕は、話題になったビジネス書を読む度に強く影響されていた。「デザインだ。デザインがすべてだ！」とか、「逆さまのピラミッド」とか、そういう表現にとても興奮して、しばらくの間は、それにとり憑かれる始末であった。

一方、偉くなった人たちは、そういう流行りものの概念に影響される度合いが少なく、芯となる考え方にブレが少なかったようにみえた。最新のビジネストレンドに感化されている僕がそれを熱く語っても、「それは素晴らしいが現実は……」というスタンスで、僕の話は聞き捨てて、自分の仕事に戻ってしまうのが常であった。

だから、これから勉強しようとする人には、僕の「木を見て森を見ず」の轍を踏まないような勉強の仕方、必要なことを体系だって学ぶことをお薦めしたい。

特に、僕のように経営について、あるいは該当ビジネスについて、体系だった勉強をしたことがない人は、枝葉末節に意識を散らさず「幹を育てる」ような勉強をしていただきたいと思うのだ。

そのためには、自分が学ぶべき分野を定めて、きちんと「教科書」的な本を選び、それを徹底的に読み込む、そしてそれを現場の体験と照らし合わせて深化していくというやり方をすべきだろう。あるいは、それを導いてくれる先生を見つけて直接話を聞くとか、ビジネススクールなどに通ってカリキュラムに沿って学ぶというようなことも大切なのではないだろうか。

現場で身につける知識は、確かに大切である。必ずしも現場で働いた経験はなくてもいいが、現場をまったく知らないで会社を動かすことはできない。ただ、各現場の仕事に関する知識だけでも、会社を維持発展させることはできないのだ。

会社でトップを争うゲームに参加するのであれば、現場に関する知識の他に、業界の中における自社、日本の企業の中における自社の業界、そして世界の中での日本企業といった、ビジネスをマクロに把握するための基本的かつ体系的な知識を持つべきだろう。木を見るだけでなく森を見ろ、とはつまるところそういうことなのだ。

いずれにせよ、僕の場合、そうした方法で未来に対する洞察力、経営や経済、小売に関するブレない知識の芯を、早くつくるべきだったことは間違いない。

ところで、勉強といえば経営や経済、マーケティングやマネージメントなどを思い浮かべるが、僕の場合だと絶対に「勉強」すべきだったことのひとつに、スピーキング技術がある。

僕は口下手である。自分ではちゃんと喋っているつもりなのだが、相手には「もにゃもにゃもにゃ」と聞こえるらしい。その「もにゃもにゃ」に僕がリアルに気がついたのは、大きくなった長女の話し方がそっくりだといわれた時のことだ。長女の喋り方は語尾が「もにゃもにゃ」となり、聞いていると「はっきり言えよ！」と言いたくなる。

生まれ落ちて40数年、僕ははじめて、自分の話し方に大きな問題があることをリアルに知ったのである。

そういえば、会社にいる時、１００～２００人を集めて説明会をしなくてはならないことが何度かあった。自分なりに一応しっかりと事前の準備をし、ちゃんと喋って説明会を終了させたつもりだったのだが、「もっとはっきりと喋ってくれないと後ろの人が聞こえにくいぜ」と友人に言われた。わざわざ言いにくいことを言ってくれたぐらいだから、きっと相当わかりにくい喋り方だったに違いない。多少落ち込みはしたが、それが僕という人間なんだから仕方がないじゃないかとも思っていた。

人にはそれぞれ得手不得手がある。たとえば、僕はアジテーションの原稿を書かせてくれたらまずまずの線にいくという自負はあるが、アジテーションそのものをやれといわれたら平均点以上にやれる自信はない。

人には得手不得手がありそれでいいはずだが、まったく腹の立つことに、会社人生というゲームで勝つためにはそうもいってはいられないのである。そして、ゲームを有利に進めるための武器となるのは、文章力よりもまず口頭表現力である。

もし、あなたが僕のようにシャイで口頭表現力に自信がないのであれば、あなたはまず、そいつを克服した方がいい。その方が、ゲームの勝率がはるかに上がる。

文章力が優れていても、ゲームの勝率にはほとんど影響がない。僕や僕と同類の人たちには残酷なことだが、会社や社会というものはおおむねそういう風にできている。

さて、僕はその欠点をどうやって克服したかというと、馬鹿な僕はそれをそのまま放っておいたのだ。

喋るのが本質的に苦手な僕ではあるが、親しい友人の結婚式の披露宴の挨拶で何度か満場の大喝采を受けたことがある。仕事で乗りに乗っている時は、宴会の司会でも何でもばっちりこなした。そんな時もあるにはあったので、口頭表現力が劣っていることを都合よく忘れてしまっていた。そして、いざプライベートよりも重要な会社でのスピーチが必要になった時、僕は失敗した。

僕は今でも、ある場での出来事を恐怖感とともにありありと思い出す。

僕が課長だった時、ちょうど仕事にも行き詰まって気分も落ち込みがちだった時、「お歳暮頑張り会」だったか、店長朝会の司会が回ってきた。

大きな店の店長朝会なので、全館から人が集まると千人ぐらいになる。そんな大人数の前で話すのは、僕にとって生まれてはじめてのことだった。

もうはっきりとは覚えていないのだが、僕はスベった。どの程度スベったのか、自分ではわからないし、本当に覚えていない。だが、その時僕の声は震え、僕の緊張がフロア全体を埋めて見上げている人たちに伝染し、何ともいえない妙な雰囲気になった。僕は、そのまま店長にマイクを渡してしまったことだけは覚えている。そして朝会の後、僕はわざわざ店長室に出向いて詫びたのだった。

もうひとつ、全社からキーマンを集めて来期の販促のテーマを決める会議。

それぞれの部署から集まった猛者たちは、てんでバラバラの方向で話をする。僕は、話をうまくさばいて、決めることは決め、放置するものは放置し、会議を取り仕切るという役割だった。だが、それがうまくいかない。うまくいかないとなると、矢はどんどん僕をめがけて飛んでくる。あちこちで、大きなため息が……。

ある時、口の悪い僕の部下が僕を評して、「和田さんは信念がある。でも、Xさんは黒を白とでも言いくるめることができる」と言ったことがある。

もちろん、彼女は僕を褒めていたわけではなく、僕には「黒を黒、白を白と強くいうことはできても、黒を白と、あるいは白を黒と相手に信じさせるようなことはいえない」ということを言いたかったのであった。

僕をそんな風に評したのは彼女だけでなく、ある同期は「おまえはいつも直球だからな」と言った。もちろん、それも褒め言葉ではなく「直球ばかりだから打たれやすい」と揶揄したのであった。

まったく、世の中は失礼な人で溢れているようだ。

しかし、確かに上司だったXさんはその後出世し、とても偉くなった。口惜しいが、Xさんと、お互い本気で議論すれば僕は絶対に勝てなかった。僕の主張に理はあったはずなのに、話はいつもXさんの理が勝って決着するのである。

会社の中では、主として4種類の口頭表現力が試される場があった。

① いわゆるパブリック・スピーキング。小さなものでは朝会から、大きなものでは先に書いた千人規模の店長朝会のようなもの、あるいはテレビ出演などがある。

② 話す相手は少数だが、重要な上司や顧客に対するプレゼンテーション。

③ 会議の司会、仕切り。

④ 議論、ディベート。

僕はそれぞれを「勉強」して、せめてマイナスではない程度まで、そのスキルを身につけるべきであった。

会社の中でそれなりに地位も上がっていくと、スピーチを行う機会が増えるのは確かだ。そして、生来それが得意な人にとり、そのスキルを磨くには実践だけで十分なのだろう。しかし、僕のようにそれを苦手とする人間は、実践の場がいつきてもいいように、なるべく事前に準備しておくべきだった。

会社を辞めて今の事業が軌道に乗った頃、200人規模の講演会の依頼があった。それも、ギャラがちゃんと出る講演である。

その時、一瞬躊躇したが、個人事業主としてチャンスから逃げるわけにはいかないので、とにかく受けた。そして、いただく金額に見合う話にしなければと思い、20日間ぐらい毎日、時間を計りながら練習をした。恥ずかしかったが練習のスピーチを妻にも聞かせて、聞きにくいところはアドバイスをしてもらった。

そこまでやると、さすがに現場であがることはなく、よく知っている知人の結婚式の挨拶で気楽に話しているような状態になった。

その時に思い出した。そういえば、会社にいた時分は、大事なプレゼンや大きな会議室での説明会の前に、そこまで練習したことはなかったなと。

会社にいる時だって、ここぞという時には、そこまで準備するべきだったのだ。自分が口下手であるというハンディを背負っていると自覚しているのだから、そのハンディを軽減すべく、やれることは何でもやっておくべきだったのだ。

僕のように口頭表現力に自信がない人は、そのようなビジネス・スピーキングについて「勉強」してスキルを獲得するべきだと思う。

アメリカではパブリック・スピーキングやディベートが重要なスキルとして考えられていて、それを学ぶ授業に人気がある。会社というゲーム、あるいはビジネスというもっと大きなゲームで勝率を上げるためには、ビジネス・スピーキング・スキルの習得はひとつの重要な要素だと思う。

残念ながら、どういうところへ行って学べばいいかということについて、具体的な情報を持っているわけではない。ただ、様々な講座が開かれているようであるし、ディベートや発表が中心のビジネススクールに通うことでそれを学ぶことができるかもしれない。

それが得意な人は、わざわざそんなことを学びに行く必要はないだろう。だが、苦手な人は、実践の初期につまづいてしまって、その後ずっと苦手意識を引きずってしまうということもある。

僕の苦い体験を振り返って思うのだ。話すことが苦手だと思っている人は、実践のチャンスを待つだけでなく、やはりスピーチの専門家やそれを得意とする第三者の誰かに、きちんと学んだ方がいいだろう。

もちろん、苦手といってもその度合いにはいろいろあるだろう。しかし、ビジネスの道を志し、この本を手にとるような人であれば、その苦手意識は練習や学習によって十分カバーできる範囲なのではないかと思う。

ぜひとも、苦手を苦手として放置するのではなく、自ら積極的に学んでほしいと思う。

さて、僕が会社にいた時に学ぶべきだったと痛感したのは、こういうことであるけれど、勉強の方法や生活を変えることによって学ぶチャンスがあったとしたら、もっとすべきだったと思うことはいくつかある。

そもそも、何かを学ぶというのはそれを習慣にすることである。1回にかける時間は短くても、それを習慣にしていれば18年の間に学べたはずの総量は大きい。

これからあげる三つのスキルは、社内でのゲームにおける勝利には直接は結びつかないけれどその勝率を上げる可能性があること、また、ビジネス全般の中では必ず勝率が上がることである。

長期間にわたる習慣として何かを学ぶということを、僕は会社を辞めてから実践し始めた。けれども、本来は会社にいた時にそういうやり方で勉強すべきだったのではないかと悔やまれる。僕の場合、次に上げるテーマは会社にいる時にある程度学んだことではあるけれど、もう少し時間を割いて、かつ定期的に学ぶようにしていればよかったと後悔している。

① 英語
② プログラミング
③ デザイン

僕は現在、アンティークやリサイクル着物を国内外に向けて、ネットで販売する会社を営んでいる。

会社を始めた当初の8年ぐらいは、もっぱら海外向けに販売をしていた。そのため、英語を読み書きする必要があったのだ。時には国際電話で英語のやりとりをしたり、事務所まで訪ねて来てくれたお客さんを接待しなければならなかった。

プログラミングについていうと、最初の自社サイトはソフトを使って自分でつくった。その後、サイトを長く運営する間に、システム会社のエンジニアとやりとりをしながら学んだことも多い。また、プログラミングの授業を個人の先生から半年ぐらい受けたこともある。

デザインについては、特別に学んだことはない。だが、たとえばオリジナル商品をつくったり、ウェブサイトをつくったりする時に、そのデザインの良否の判断ができたり、簡単なものであれば自分でつくれたらいいのになあと思うことが多い。

ここに上げた三つのスキルについては、どこでも繰り返し述べられていることで、特に目新しいものではないかもしれない。しかし、これらのスキルを揃って身につければ、たとえば自分でウェブサービスを海外に向けて行うことができるので、いざという時でも、フリーランスになって稼ぐことも可能なのだ。

実際のところ、僕の場合も、英語がある程度できて、ネットのことがある程度わかり、小売のことがわかっているというスキルのセットで、今の商売を始めることができたのだ。

会社に在職中にこれらの技能が必要になるかどうかは微妙なところだと思うが、もしチャンスがあれば、自らそういう仕事を経験しておくといいと思う。

どのスキルも、プロになれるほど習熟する必要はなく、ある程度はわかる、良し悪し程度はわかるというレベルでいいのだ。

こういったいわば「サイド・スキル」は、そのいくつかのスキルを合わせて使うことで、他の人にはない強味となることがあるのだ。

実際、僕はそのおかげで、何もないところからビジネスを立ち上げることができたのである。

ちなみに、僕の体験から言うと、英語のリスニング・スピーキングは定期的に話す機会をつくらないとなかなか上達しない。いったん上達したと思っても、しばらく話さないとすぐに言葉が出てこなくなる。

もし、英語を喋るチャンスのない職場で、時間的にも厳しいのなら、リーディングとライティングだけでも勉強を続ければいいと思う。

今では、スマホでキンドルの英語本を読むのはとても簡単だし（辞書も使いやすい）、書く方も、Mediumなどのプラットフォームが整っていて楽しみながら書ける。

僕の場合、留学経験はなかったが英語の本を読むことはけっこう続けていたので、この仕事を始めた時も、リーディングにはさほど心配はなかった。その後、毎週ニュースレターを書いたりサイトの文章を書いたりするうちに、徐々に英語力が上がっていった。ビジネスがグローバル化した現在、英語の情報を直接読めるということは本業にもプラスになるはずだ。ぜひ、意識して英語を読むようにするといい。

プログラミングについては、一から本格的なものがつくれるようになるといいとは思うのだが、商業ベースで動くものがつくれるまでの道は相当遠く、会社に勤めながらそこまで学ぶのは難しいように思える。だが、たとえば何かのウェブサービスやアプリをつくりたいと思った時に、どんな作業が発生しそうかとか、どれほど難しいかとか、既存のものを利用できるかとか、そういったスケール感を感じられる程度のところまで学ぶことができれば上等だと思う。そのためには、小さなサイトを自分でつくってみるとか、ワードプレスでブログをつくってサーバーに置いてみるとか、そういった簡単なことから自分の余暇の時間を使って始めてみればどうだろう。

さて、サイトをつくる時にデザインの初歩を知っていれば、サイトデザインの良し悪しを自分で評価できる。

デザインについて、僕はその学び方を知っているわけではないが、普段から美しいもの、カッコイイものに意識して接する他に、実際に何かをつくってみることを趣味のひとつにすればいいのではないかと思っている。たとえば、写真を撮ることを趣味にすれば、いい写真とつまらない写真ではどこが違うか、具体的に感じることができるようになるはずだ。そのために高価なカメラを買う必要はなく、スマホ付属のカメラでも十分だ。スマホのカメラでも驚くほどいい写真が撮れるし、撮影のチャンスも増えて、デザインの良し悪しを学ぶにはちょうどいいような気がしている。

こういったスキルは、あまり根を詰めずに、半ば趣味として、楽しみながら学ぶことを習慣にして、時間をかけて少しずつ習得すればいいのではないかと思う。

何か特別な目的があれば別だが、勉強を様々な資格取得のためにしても、将来のキャリアに有効だとは思えない。

いざという時に役立つものを学び、その複合技を自分の強味とすることを考えていけば、将来、万が一職を失うようなことがあっても、組織に頼らずひとりで食べていくことはできるのではないかと、僕は自らの経験から思っている。

だが、まずは何より自社の本業について、自分のスキルを必死で磨くことが大切だと思うのだ。

僕の後悔8●ゴルフを始めワインをたしなめばよかった

ともかく、ゴルフを始めればよかった。

そして、ワインをたしなめばよかったと思っている。

ゴルフを始めれば、貴重な土日の休みを上司との付き合いに「浪費」しなければならないのだ、と僕は思っていた。

上司や取引先のお偉いさんを車でお迎えに上がって、「ナイスショット！」とオベンチャラを言い、ゴルフを楽しむどころか、あちこち気を使ってグリーンを走り回る。

お昼のテーブルでも上司のコップのビールが空になっていないか、灰皿は用意されているか、様々なことに気を配る。

参加者の会社での地位の上下を把握して、案内を手伝うにしても、決してその順番を間違えてはならない。

わざわざ丘を切り拓いて芝を植え、小さな玉をぶっ叩いて穴に入れることを競う「ゴルフ」のようなものに、貴重な自分の時間をなぜ費やそうとするのか、次々にゴルフセットを買ってゴルフを始める同期の連中の気が知れなかった。

僕はゴルフを毛嫌いした。

その代わりに始めたのは、ウィンドサーフィンとゲームフィッシングだった。

ウィンドサーフィンは2、3年しか続かなかったが、ゲームフィッシングはバス釣りに始まってアマゴのフライフィッシングに至り、今でも趣味のひとつになっている。

ウィンドサーフィンはともかく、渓流釣りは時間のかかる趣味だ。都心部に住んでいると釣り場まで車で2時間、歩いて1時間などということはざらにある。往復だけでざっと6時間費やされてしまう。

しかも、フィッシングではたいていの場合ひとりで渓谷に入る。関西の急峻な細い渓谷では、一本の渓谷にひとりが入ってしまえば、その渓谷はもうその日は終わりである。何人も集まって一緒に楽しむ遊びではないのだ。

フライで釣る時は、そこに持っていくフライを、深夜にクジャクの羽根とかを針に巻きつけながら孤独にこつこつ作ったものだ。

とことん孤独な、まるで修行僧のような趣味なのである。

どんなものを選ぶにせよ、趣味には時間と金がかかる。

興味のあることすべてに手をかけることはできない。何かを選ばなければならないが、ゴルフではなくゲームフィッシングを選んだことは、僕の性分や会社との付き合い方を象徴しているように思える。

会社に染まることを拒んだ僕だから、自分の時間は自分の好きに過ごしたかったのだ。

もちろん僕だって、そのことで社内の付き合いに、ある程度のマイナス面が生じるであろうことをわかってはいたのだ。ただし、どの程度わかっていたかについては、いまだに疑問に思う。

ゴルフは、大方の会社である種の共通言語になっているが、それだけではない。ゴルフは、ビジネスマンにとって、いわば世界標準のスポーツなのだ。

歳をとってもプレーできること、ある程度の金が必要な大人のスポーツであること、ショットの間にたくさんの話ができること、そこでお互いの人間性を知ることができること、ゴルフコースが社交場のひとつとみなされていることなどがその理由だ。

ゴルフをしない僕がいうのだから、説得力のないことははなはだしいが、日本でも、英語圏でも、多くのビジネスマンやゴルファーがそういっているのだから、そこにまったく真実がないとはいえない。

最近の若い人はゴルフをしないらしい。車も持たないので、ゴルフに行くことすらできないという。実際のところ、ゴルフは既に爺様たちの前時代のスポーツであり、成功を目論む若いビジネスマンは、もうゴルフなんてしなくてもいいのだろうか。

いや、しかし、ゴルフが担っている役割は、今後もなくなることはないだろうと、ゴルフをしない僕でも思うのである。

なぜなら、歳をとったエグゼクティブたちが、ゴルフの代わりにできるスポーツが他に見当たらないからだ。適度な運動と競技性、自然の中での談笑。そんなスポーツが現時点でゴルフの他にあるだろうか。サッカーやラグビー、あるいは柔道をビシバシやってますというご老人は、例外はあるだろうがほとんどいないはずだ。

ともあれ、海外の多くの起業家たちやエグゼクティブの多くはゴルフをするし、現にそこでチャンスをつかんでいる。聞くところによると、日本でも事情は同じようである。確かに、ＩＴ起業家をはじめ世のエグゼクティブたち、いわば日本を動かしている人たちの多くがゴルフを愉しんでいる。

僕は現在、小さな会社をやっている自営業者であるわけだが、その僕にしても事情は同じだ。僕が属する業界でもゴルフのコンペがあるし、コンペに参加させてもらうことによって、それなりに親しくなれる。親しくなれば、良い商品を回してもらったり、貴重な情報をもらえたりする。

考えてもみてほしい。もし、何かの間違いで、テレビや雑誌でしか見たことがないような有力者の誰かと、たまたま知り合うチャンスがあって、「ゴルフでも？」って誘われた時、「いや、僕はゴルフが大嫌いなんです」と断って、何の後悔の念も抱かずにすむだろうか。

幸い、僕はそういう場面に夢の中でも遭遇していないが、まじめな話、いつかそういうチャンスが巡ってくるかもしれないのだ。

もちろん、ゴルフをするということが、成功を約束するわけでは決してない。しかし、成功の確率を幾分かは高めることは、間違いのないことだと思う。

また、社内のゴルフであっても、社内の重要人物や他部署のキーマンと話すチャンスが、往々にしてゴルフ場で生まれる。

そういえば、若い頃、会社というものには神様の目のようなものがあって、僕らの仕事ぶりをどこかでちゃんと見てくれているものと思っていた。いい仕事をしさえすれば、上司や人事部がそれをちゃんと把握していて、いつかは自分にふさわしい部署に異動させてくれるものだと思っていた。

それはある意味正しい。ただし、自分の仕事ぶりが他の人たちの何倍も優れていれば、だ。けれども、比較的優れているという程度なら、それを正確に見ている神の目は会社には存在しないのである。あなたを見ているのは、不完全ないくつかの目に過ぎない。

もし、自分がいきたい部署があるとか、社内にやってみたい仕事があるのなら、その不完全な少数の目、たとえば先方の部長だとか課長だとかの観察範囲に入って、自分がその部署に貢献できることをアピールしなければならない。待っているだけでは、心のうちに秘めた希望がかなうことはないのが会社の常だ。

その方法には様々なものがあるけれど、ひとつのとっかかりとしてあなたの希望する道が開けるかもしれないという意味で、ゴルフが有力な手段であることは間違いない。

僕はゴルフを始めるきっかけを失ってしまって、今でもあい変わらずゴルフはしないが、その分のディメリットは、功利的ではない意味も含めて切実に感じている。

僕は運動神経に自信がないから、若い頃にゴルフを始めていたところで、たいした腕にはなっていないだろう。だが、僕らの世代が集まって何かをするというイベントは、ほとんどゴルフか酒なのだ。それしかないといってもいいぐらいだ。若い頃は麻雀だってやった世代だが、麻雀大会をするから集まれという話はほとんどない。

やはり、ゴルフなのだ。かつての大学の同窓生たちが、コンペに行ったりしているのをみていると、しみじみと寂しい思いを感じたりする。仕事の面でも、遊びや人脈の面でも、ゴルフをしないことで僕は何かを失ってしまったという自覚があるのだ。

ともあれ、どうせするなら、ゴルフも思いっきり楽しめばいいと思う。スポーツとして楽しめば、半分はビジネスのためとだわかっていても、それに費やす時間がより充実する。

さて、話変わってワインだ。

僕は、酒の楽しみ方をほとんど知らぬまま中年になってしまった。

この歳になると、カッコイイなと思う大人たちは、自分なりの酒との付き合い方を知っている。たとえば、日本酒とかスコッチの銘柄をよく知っていて、まったくもって、うまそうに飲む。

話はそれるが、僕は味覚に自信がなく食べるものにもあまり興味がない。

学生時代に喫茶店やパブで長い間アルバイトをしていて、コーヒーの味についてはうるさいんだと、結婚生活を始めた頃、妻に自慢していた。しかし、ある時、このコーヒーは美味しいねと褒めたら、妻に「じゃあ、これからはいつもインスタントでいいのね！」と言われ、大いに自尊心を傷つけられた。

それ以降、何かを食べて、美味しいだとか、美味しくないだとかいうことに、異常なまで注意深くなった。

まあ、そんなわけで、会社勤めをしている時から飲む機会はそれなりに多かったのだが、酒に弱い体質ということもあり、自分が飲む酒に特に強いこだわりはなかった。

それでも、洒落たバーに行った時にスコッチを銘柄で注文できたらカッコイイなと思いいくつかの銘柄を覚えたが、バーボンとスコッチの違い以上に、スコッチの味の違いを認識できていたのかも怪しい。

ところで、今はとにかくワインだ。断然、ワインなのだ。

できる大人は、もちろんワインの銘柄を知っているし、レストランなどでスマートにワインを選ぶ。

そして、本当に悔しいことに、それはそれは美味しそうに、この世にこれ以上の幸せがあるか、というような表情でそれを楽しむのだ。

「一杯のワイングラスの中には、宇宙がある」と言った詩人がいたそうだけど、彼らの至福感に満ちた表情をみていると、まさに「宇宙」を味わっていそうな雰囲気まで漂っている。そして、できる大人たちはその感覚を共有することで、ビジネスのつながりとは異なる次元のつながりを生み出しているように思える。

僕の親しい知人の中にふたりのワイン通がいる。そのために店まで持ってしまった男と、ワインにも関係の深いカルチャー事業をしている男だ。

ふたりとも若い頃は相当ヤンチャだったに違いなく（ひとりは若い時から知っているが確かにそうだった）、派手に飲んでいたはずだ。若い時の勝負は、どれほど飲めるか、どれほどいいオンナの影があるか、どれほどの無茶ができるか、ということだった。

僕はあまり飲めない質で、そういった勝負には負けて当然と思っていた。その勝負に勝てなくても、他に勝ちようがあると信じていた。

しかし、そうやって酒を遠ざけて生きている間に、そのふたりの元ワルガキたちは、いい大人になって落ち着き、いつの間にかふたり揃って「ワインの宇宙を楽しむ」術を身につけていたのだった。

ある時、そのうちのひとりが主催する宴席でワインを飲んでいた。たぶん最高のワインを飲ませてもらっていたはずだ。

「たぶん」というのは、僕にはワインの銘柄はわからないし味もわからないのだが、彼が特別にふるまうワインが悪いものであるはずがない。しかし、彼はそのワインについてまったく説明しないので、僕は「たぶん」というしかないのだ。

大きなグラスの中で赤い液体を揺らして香りを嗅いでみるが、それがどんな香りなのかさっぱりわからないままに、ちびちびと味わわせてもらっていた。

こういう時、いったいこのワインはどれほどの価値のあるものなのか、もっとはっきりいえばいくらぐらいするワインを開けてくれたのか、それがわからないまま飲んでいると、僕はお尻が少しばかりむずむずするのだった。

すると彼の隣にいた、これまた楽しい男性（業界で「百年にひとりの逸材」といわれている人物）が、「いや、このワインは凄いですね！　めちゃくちゃ旨いです！」と言っている。てっきり、彼を同類と思った僕は「どうせ言うなら、もうちょっと洒落たこと言えよ」と突っ込んでしまった。

すると、ワインをふるまっていた友人が横から言うのだった。「いや、こいつはワインの味がわかるよ」

「百年にひとりの逸材」の彼は、「ワインの宇宙」を味わう能力もあったのだ。

僕は自分の不明を恥じながら、思いっきり恥じながら、それでも訊ねた。

「どうやってワインの味がわかるようになったの？　毎日飲んでるの？　子どもの頃に美味しいものたくさん食べたの？　勉強してるの？」

すると、彼は言うのだ。「え〜、別に特別のことしてませんよお。でも、このワインは壮絶に美味しいですっ！」

ともあれ、この一件で僕はワインに対する考え方を180度改めた。

それまでは、ワインの通であることは、どちらかといえばディレッタント的なこと、鼻につくことだと思っていた。

そんな話をしていたら、もうひとりのワイン好きの友人が、かつて生粋の大阪生まれのワルガキだった友人が、しみじみと宣うのだった。

「ワインをたしなむ、その良し悪しがわかる、ということは、世界標準の教養のひとつなんだ。上を目指す人間は、ワインを学んだ方がいいと」

フェイスブックをみていると、現在の彼は、ワインだ、トリュフだといって、フランスやイタリアを飛び歩いている。その彼がこうも言っていた。

日本人がヨーロッパのレストランに行くと、たくさん席が空いているにも関わらず、トイレの側の悪い席に案内されたり、言葉遣いがぞんざいだったりすることがいまだにある。だけど、どんなレストランに行っても、ワインの銘柄を自分で選べるところをみせると、彼らの扱いは、「どこかの野蛮な東洋人」から「紳士・淑女」へと劇的に変化するのだと。

世界に通用するビジネスマンになろうとすれば、ワインは身につけておくことが常識となっているいわば教養のひとつなのである。

世界的なＩＴ企業家やハリウッドスターのいるパーティーに参加するチャンスはそうそ

う巡ってはこないだろうけれど、大切な接待の場でワインの知識が大いに役に立つことは、普通にありそうである。しかも、相手がワイン好きであれば話が弾み、ビジネスが予想以上に進むかもしれない。

ところで、ゴルフとワインには共通点がある。

仕事と直接関係はないけれど、世界のビジネスマンの多くが、生涯を通じて愉しむ嗜みであるという点だ。

実はここでも、僕の弱点、「ユニークでありたい」「人とは違っていたい」「権威からは離れていたい」という天邪鬼《あまのじゃく》な性向が邪魔をしていたのである。

皆がやっていることはやりたくない、という気持ちを持つのは、ひとり僕だけではなく、世の中にはけっこういるのではないかと思う。

だけど、ユニークでありたいということと皆に人気があるものに背を向けること、それで失うものと得るもののバランスは、冷静に考えてみてもいいだろう。

ゴルフとワイン。

そのふたつの世界に参加するということは、それなりの地位にいる人たち、年配の実力者や海外のビジネスマンと、共通の話題を持ち得るということだと思う。

それは、きっと成功の確率を高めるに違いない。そして同時に、それは長い年月にわたって、高齢になってもあなたに純粋な愉しみをもたらしてくれるに違いない。

僕の後悔9●信念なんてゴミ箱に捨てればよかった

信念を貫いて生きる。

この言葉の持つ甘美さはどうだ。

様々なコンプレックスを持つ僕は、仕事を通じて自分が見つけたと思える「信念」、その信念通りに生きようとした。会社の価値観にも染まることなく自分らしくいるために、僕は自分の信念に忠実に生きたいと思った。

けれども今、僕はそんな「信念」などゴミ箱に捨ててしまえばよかったと後悔している。

たとえば、である。

僕が経験した売場は家庭用品売場だった。扱いアイテムも多く、仕入れ権限はバイヤーから販売員におおむね委譲されていた。売場を細かく区切り、それぞれの商品の仕入れはその担当者（正社員であれ定時社員であれ）が行うのである。もちろん、バイヤーはそれなりに方針を出すが、販売員はただ販売するだけでなく自分の担当の商品を選び陳列し、売上にも責任を持つ。

小売業の面白さには、いかに客の求めるものを提供し結果としてどれほど売ったかということ（販売）と、いかに工夫して商品を仕入れ結果としていくら利益を出したか（仕入れ）というふたつの面がある。働くスタッフにとっては、当然のことながら、どちらもできた方が仕事は面白い。

そして、実際に僕が売場にいた時はそうしていた。

多品種の商品を扱う時は、誰かひとりが全部の仕入れを決めるのではなく、小さな範囲に分けて担当を決め、各自それぞれ工夫していく方が、確かに売上が上がるのである。

そのことを目の当たりにして、僕は大きなものを学んだと思った。


百貨店という店舗数の比較的少ない小売業態では、大量仕入れとシステム化によるメリットを何千店何万店とあるコンビニのようには享受できないため、客により近く接するスタッフが、その地域の消費者の特性を考えながら商品を仕入れた方が効率良く売上を上げることができたのだ。

また、「販売」に付随する単純な作業、ストックを取りに走ったり、値札をちぎったり、包装してバッグに入れたり、カードを預かってスキャンしたり、値段を打ち込んだり、ありがとうございますと言ってお辞儀をしたり、といった作業を繰り返す仕事だけでなく、仕入れの面白さが仕事に加わることによって、スタッフのモチベーションも高まる。

働く人たちの創意工夫が最大限に活かされ、働く人たちの幸せの総和が最高になるやり方だと、僕は思った。そして、その時の僕の考えはまさしく「信念」のようなものになっていたと思う。

しかし、そうしたやり方が百貨店で通用したのは、高度成長期とそれに続くバブル時代の残滓のおかげだった。

僕が課長になった頃、会社は全社の業務効率化へ大きく舵を切った。

会社が決めた方向性は、仕入れは本社で一括、販売も業務を細かく分け、レジを打つ人、商品の店出しをする人などに分類して専門化し、それぞれの仕事の専門性にふさわしい給与を与えるというものであった。

その業務改革が実際に実行された時には僕は既に会社にはいなかったから、結果がどうなったのか詳細は知らない。

だが、伝え聞くところによると、それぞれの売場の効率化が進んで、店舗運営に要する人員は劇的に減り、大きな利益が出るようになったということである。

確かに会社は不採算部門を多く抱え、売場も後方部門も非効率な面がたくさんあった。会社としては、そこに大きなメスを入れることがどうしても必要だったのである。

しかし、理屈ではわかってはいても、ある考え方をいったん「信念」のようにして自分の判断の土台に据えてしまうと、それを否定することが難しくなるものだ。

効率的な業務運営のためには、当然ながら各業務を標準化して集中する方がいい。しかし、「働く人の意欲や楽しさ」を大きく損なってまでそうすべきなのか。僕の場合、簡単に心の整理をつけることはできなかった。

効率的な小売業態をつくるために必要なのは、仕入れと販売を分け、中央で大量に仕入れて各店は売ることに専念することであることはわかっている。

しかし、たとえば『ドンキホーテ』が売場を細かく区切ってそれぞれの担当者に仕入れ権限を与え、高効率な売上を叩き出していることは有名である。仕入れと販売を分けることだけが唯一の効率化でないことは、ドンキホーテの成功が証明しているではないか。

僕には引き算に引き算を重ねるような業務の効率化が残念でならなかった。

ある時、僕は、その後とても偉くなった尊敬する元上司に尋ねたことがある。

「百貨店という事業に、これからもロマンはありますか？」と。

その上司は戸惑った表情を浮かべ、「ロマンって、君。それは、人それぞれが見つけ出すものだろ。『百貨店』にロマンがありますかって、そんな質問に意味があるかな」

確かに、僕にはロマンを見つけることができなかった。僕には本当に理解できなかったのだ。

皆で寄ってたかって、それこそ人生をかけて、唾を飛ばして議論しながらつくりあげた店から、どんどん引き算をしていく。それでアナリストから評価される会社にしたところで、いったい何が残るというのか。

外部のブランドショップにどんどん売場を任せていき、会社にいる人たちを減らし、自分で仕入れて自分で売るという商売の本質を手放して、働く人にとっての創意工夫の余地をどんどん狭めていく。

そんな会社のどこにロマンを求めればよいのか、と思った。

そんな思いを抱えていたからこそ、僕は42歳で心が折れてしまって会社を去ったのだが、辞めたことには何ら未練はなかった。

しかし、僕は完全に間違っていた。

会社は業務の効率化をやり抜いて百貨店経営を革新し、合併や子会社の売却なども行い、空前の利益を計上するまでになった。

ただ、会社の利益の額は数字で表せるけれど、働く人たちのハピネスの総和を測る定規はないのだ。

そういえば、こんなこともあった。

退職が決まった後、かつて僕がたいへんお世話になった上司が、「もっと早く知っていたら、あるいは自分の部下でいた時だったら、辞めさせなかったのに」と、わざわざ飲みに連れていってくれた。その店は、一般の人には入れないような敷居の高い店で、僕のような者には破格の餞《はなむけ》の宴であった。

その時に、退職について「僕はやっぱり会社には向いてません。大きな組織の中でやっていくアタマの仕組みとか必要なパーソナリティが不足しています」と僕は言った。

「いや、そんなことはないけど……」と言いながらも、実はひとつだけ残念に思うことがあった、と上司は話し始めた。

もちろん僕は、自分には様々な面で足りない部分があると認識していたので、何を言われても驚かなかったのだが、その人がその時に言ったのは意外なことだった。

「X君の人事考課で相談したことがあるだろう。あの時、昇格候補者が何人かいて、誰かを落とす必要があった。誰もが、君の部下のX君が劣ると思っていたから、君に相談したんだけど、君の返答は「X君は見栄えで損をしています。他の候補者に劣ることはありません」という一本槍だったろ。あの時、君のこと、ちょっとがっかりしたな」

そう言われて、はっきりと思い出した。

確かにその時、「何がなんでも、X君を信用して、昇格してもらえるように全力を尽くそう」と僕は思っていたのだ。

ちょうど直前の研修で、「自分の部下が、他の人間より劣るか優るかに関係なく、上司たるもの、部下の昇進に全力を尽くせ」というようなことを教えられたこともあって、実際にそういう場面に遭遇し、その通りに行動したのだった。

その時の僕は、上司として当然の行動をしただけと、軽く思っていた。

しかし、皮肉なことに、当のX君ではなく、あくまで「X君はよくやっている」と頑張る僕のことを、こりゃダメだと、その上司に強く印象づけてしまったようなのだ。

僕のダメな話なら他にも掃いて捨てるほどあるはずなのに、よりによって7、8年前のその時の話が出てくるとは、夢にも思わなかった。

僕はあの時、「X君はダメです」というべきだったのだろうか。

確かにX君は少し変わった人物ではあったけれど、他の部署の昇格対象者とどうやって比べるべきだったのだろう。他部署の若い人たちについては、業務上接することがあるだけなので、うわべのことしかわからない。一方、X君は変わり者ではあったが、何か決定的に悪い点があるとか劣る点があるわけではなかった。普通にまじめに仕事をしていた。

X君と他部署（その上司にとっては自部署）の誰かを比べるのは、あくまで部長の仕事であって僕の仕事ではないように思えた。

しかし、どうやら、「X君はダメです」と言わなかったことで、実際に僕は会社での将来を損なってしまったようだった。

この件については、もちろんこういう考え方もできる。

「どんな部下でも昇進させることが上司の仕事である」という考え方がそもそも間違っている。本当に箸にも棒にもかからない人間に関してはそれを見抜いて、早くから低い評価をした方が組織のためにも本人のためにもなる、という考え方も確かにできるのだ。

けれども、X君は入社してまだ数年だったはずだ。それに、会社は多くの候補者の中から彼を選んで採用したのだ。

僕にはとても、「X君は見ての通り全然ダメです」と見切ることはできなかった。

さて、「信念なんてゴミ箱に捨てればよかった」と書いたが、もう少し正確に表現するなら、自分の信念やこうあるべきという理想から、僕はもう少し柔軟であってもよかったのではないか、ということだ。今ではそう思っている。

たとえば、トップの方針で取引先を集約せよという号令が下ったとする。あるいは、取引先の納入率を一律何パーセントか下げるように交渉せよといわれたとしよう。

取引先の中には、自分の戦略を実現するために新たに開拓したところもあるだろう。渋る相手に何度も頭を下げて、あるいはお互いの持つビジョンが重なって、取引することに成功したという経緯のある相手もあるだろう。

そういう取引先にも、約束した納入率を下げるように依頼したり、あるいは取引を中止することを通告したりしなければならない。

取引先に無理をいう、辛い思いをさせる、部下に無理をいう、辛い思いをさせる。残念ながら組織の中で生きていく以上、それはデフォルトであり、避けては通れないことなのだ。

そして、そうした時に「自分の信念、自分の生き様、自分の首尾一貫性」といったものに強くこだわっていると、そういうことができなくなってしまったり、必要以上に辛くなってしまうのだ。

そもそも僕らの存在は、誰かの犠牲の上に成り立っている。僕らがその会社に入ったことで、誰かは不採用になっているし、営業で商談を勝ち取った時には、他社の誰かは自分の評価を落としてボーナスが減らされているかもしれない。あるいは、いま着ている服は、後進国のひどい労働環境で縫われた服かもしれない。

どれほど潔癖な人、どれほど優しく正しい人でも、普段はそうしたことを気づかずにすんでいるだけのことである。


若い頃は、利己的でいいと思う。

頑張って仕事をし、ライバルに勝ち抜いて、たくさん稼ぎ、素敵な奥さんをもらえばいい。けれども歳を重ね、様々なことを学び、成熟してくると、あるタイミングで利己的であるよりも他者の幸せを大事にすること、大義に自分の人生の目標を重ねるようになってくるものだ。僕の場合は、はじめてマネージャーを拝命してから、その職務を何とかこなせるようになる過程でそういうことを学んだ。そうでなければ、とうてい会社という組織の中で生きてはいけなかっただろう。

人はある時期になると、「信念」と呼ばれるものを自分の内部に、骨のように成長させるのではないかと思う。そして、それはある意味必然で、誰にでも起きる変化ではないかと思うのだ。


人は歳をとるにしたがって、利己的でなくなっていく。けれども、会社というものは基本的に利己的な存在なのだ。

皮肉なことに、会社での地位が上がれば上がるほど、会社にとって利己的であることを達成するように強く要求されるようになる。それもより大規模に、より強制力を持って。

そのため、会社で生きることが、とても苦しいことのように思えてくるのである。

もちろん、自分の信念を曲げることができないと思えば、それはひとつの見識であり、ひとつの生き方だと思う。会社というゲームから降りて、他のゲームに参加してもいい。僕が実際にそうしたように、独立して自分で会社をつくることもできるだろう。

けれども、会社の仕事をする中で何人かに辛い思いをさせる場面があるかもしれないが、将来自分がもっと偉くなった時、より多くの人々の人生に、なにがしかの光を与えることができるとしたら、その方が会社のためにも社会のためにもなるということだってあるかもしれない。

あるいは、自分が思う通りの会社をつくってみて、僕のように昔抱いた「信念」通りの会社にすることがいかに難しいかを痛感し、その「信念」を別のかたちに上書きせざるを得ないことに気づくかもしれない。

あるいは、金銭的な、社会的な成功とは無縁だったけれど、自分の「信念」を貫くことで得られた人生を振り返って、死ぬ間際によかったなと思えるかもしれない。

だから、そこでどう振る舞うか、どういう人生を選ぶかについて、正解というものはないのだ。

けれども、身も蓋もない言い方になるが、会社というゲームで勝つつもりなら僕のような失敗をしてはならない。

会社というゲームを全力で戦い、勝ち抜く覚悟でいるのなら、僕のように「信念」に凝り固まり、「頑固である」と言われないように振る舞わなければならない。

人は往々にして自分の成功体験にしがみつき、それに「信念」というラベルを貼る。

そして、その旗を高らかに掲げて皆に見られるようになると、その旗を容易には降ろすことができなくなる。その旗が、自らの行動を縛ってしまう。

もし、あなたが誰かに、「信念のある人だ」と言われたら、それが本当に褒め言葉なのか、暗に「頑固者」と言われているだけのことなのか、ちょっと立ち止まって考えてみても損はない。そんな「信念」が、どんな状況にあっても正しいものか、状況によって変化し得るものか、場合によっては守るべき優先順位としては低くなり得るものか、じっくりと考えてみればいい。そして、時には自分が「信念」と呼んだものを、ゴミ箱へ放り込む勇気が必要になるかもしれないのだ。

また、成功体験という旗を降ろして、後ろ指を指されることとさえ甘受しなければならない時もあるはずだ。そこで、あくまでも前を向き、耐えることができる人は、おそらく曲げない信念を持つ人以上に強く生き、大きなことを達成できるかもしれないのだ。

僕の後悔10●クリエィティブであるよりも堅実であればよかった

僕は「クリエィティブ」とか「イノベーティブ」という言葉が大好きだった。いつも皆があっと驚くようなアイディアがないかと探していた。

だが、僕は「クリエィティブ」であるよりも、まず堅実な実務家であるべきだった。

会社にいた頃、僕はいつだって「クリエィティブ」でありたいと思っていた。斬新なアイディア、いままでに試されたことのない方法、とにかく何でも新しく挑戦することに血道を上げていた。

「クリエィティブ」といっても、小売というビジネス上のことなので、新しい広告の組み合わせを考え出すとか、楽しいキャンペーンを考え出すとか、新しい商品のグルーピングを考え出すとか、まあそういったことだ。

たとえば、『大北海道市』という催事がある。

北海道の「食」や工芸品を一堂に集めて売る人気の催事である。

その催事企画の担当者になった時、僕はどうやって客を集めるか、少ない宣伝広告費でどうやって多くの人に足を運んでもらうか、知恵を絞った。

僕の出した案は、『北海道まるごとオークション』というものだった。巨大なかぼちゃや一反分の米、何メートルもある長い昆布、等々。ともかく、北海道の大地の豊穣さが伝わる珍しいものや人目を引く大きなものを会場に持ち込んで、それをオークションで販売するというものだった。

そして、その企画を広報担当者に説明しておいて、テレビの情報番組に取材に来てもらうように頼んだ。元々、テレビ的に絵になるようなアイテムを北海道へ行って選んでいたこともあってその作戦は当たり、テレビ取材が入ってオークションの模様が放映された。翌日から会場は多くの人で溢れ、売上も飛躍的に伸びた。

『ハンドメイドルアー・バス釣展』という催しも企画した。

ある年の夏休みだったが、催事会場がすっぽりと空いてしまっていて、そこに集客を見込める何かの催しを企画する必要があった。そこで、僕は「釣り」をテーマにした催しができないかと考えたのだった。

「釣り」だとファミリー層も呼べるし、夏休みの企画としてはちょうどいい。ただ、いかんせん釣り用品は百貨店では扱ったことがなく、何のルートも前例もない。

僕はハンドメイドのルアーの作り手たちに集まってもらい、実演展示即売会をやったら面白いだろうなと思い、企画書を書いて自分でハンドメイドルアーの作り手たちを口説いて回った。

当時、釣りの業界で有名だった人たちに手紙を書き、電話でフォローして、訪ねて回った。当時の僕の趣味は釣りだったから、相手は皆憧れの人たちだ。しかし、彼らの協力を取り付けるにあたっては、もちろん苦戦した。業界の人たちには、そんな企画をよくやる気になったなと呆れられた。

僕が担ぎ出そうとした人たちは、みんな釣りの方法やルアービルディングに一家言持つ人たちばかりである。

眠れない夜を何日も過ごした。自分の配慮のなさや不備を叱られもした。

「企画担当者が自分の趣味の企画を営業部に押しつけている」と、社内でも背後から鉄砲の玉が飛んできた。

だが、僕の誠意が通じたのか、賛同してくれる人がひとりずつ増え、結果的に多くのトップビルダーの出品を得てその催しは開催され、集客に成功した。

その仕事は、「クリエィティブ」な部類に入ると思う。それ以前もそれ以降も、そういう催しが開催されたという話は聞かない。

ところで、もし僕がその期間の催事を、どこかの企画会社に丸投げしていたら、何の変哲もない子ども向けのイベントでお茶を濁していたことだろう。

一例ではあるけれど、僕がいう「クリエィティブな仕事」とは、そういうものだ。

僕は部下に、次のようなことをよく言っていた。

地域三番店だから、使える経費は少ない。ブランドなど入って欲しいテナントからの逆選別もきつい（僕が勤めていた当時の店は現在は大増床して当時のような苦しさはないと思う）。だから、普通に考えてつくったものは、どうしたってショボイ。ハナから負けている。けれども、考えに考え抜くことによって点と点、それぞれの業者や人や客が、望んでいることをうまく結ぶ線が見つかるはずだ。それは、細い曲がりくねった線かもしれないし、いまのところ誰にも見えていない線かもしれない。だけど、それを見つけて結ばないことには、自分でその線を描かなければ、良い仕事はできない。地域三番店としての「負け犬」根性は、払拭できない。

しかし、こんなことがあった。

同期のA君は、モノゴトを慎重に考え、着実にきっちりと実行していく男と評判だった。

一方の僕は、社内でどう思われていたかは知らないが、時々とんでもないことを考えて大成功をすることもある「クリエィティブ」な男、ということにここでは一応しておく。

さて、ある時A君が僕の部署に異動してきた。

その当時、部長の下にXというマネージャー職、Yというマネージャー職があった。僕はY職をしていたのだが、X職にいた先輩が部長に昇格し僕は横滑りでX職をすることになった。そして、Y職の後任としてA君が異動してきたのだ。

A君とはそれまでさほど交流はなかった。同期のひとりとして、たまに宴席などで同席するぐらいのことだ。

僕にしてみれば、お手並み拝見というところだった。すると、A君はみるみる仕事を覚えて、確かに評判通り着実に仕事を片付けていく。しかし「クリエィティブ」な仕事もできるのだろうか。アイディアを出して、自分で新しい催事を企画できるような男なのかな、と興味深く見ていた。

そして半年後のことだ。再び人事異動の季節がやってきて、何人かが去り何人かの新しいスタッフがやってくることになった。そんなある日の夕方、他部署に異動する人や新加入の人たちが、部長の席に挨拶に集まってきていた。すると急に、「夕会!」ということになった。

そういえば、そうした歓送迎会では、いつもX職にいた先輩が司会を引き受けていた。司会は新しく加入する人たちのプロフィールや去る人たちの功績を簡単に紹介して、それぞれの挨拶、部長の挨拶へとつなげていく。

僕はといえば、そういうことについてはいつも後回しにしていて、あい変わらず「クリエィティブ」なことに思いを巡らせているか、何か他の心配事に気をとられていた。

部の皆が部長の席を中心に集まり始め、突然、僕にすれば突然、夕会の司会をやらなければならない雰囲気になった。

僕の頭の中は真っ白になった。人事異動の通達がどこに回っているのか、慌てて探しながら、去る人たちの功績は、来る人たちのプロフィールは、とパニック状態となった。あぁダメだ、間に合わない！

その時だった。A君が何事もなかったかのように、ごく自然に司会に立った。

A君はいつ用意したのか人事異動に関するメモを手元に持ち、それを見ながら完璧な司会をして部長につないでくれたのだった。おかげで、部長に恥をかかせなくてすんだ。

僕はA君に感謝すると同時に、ああA君には勝てないな、とも思った。

いったい、なぜA君は司会の準備をしていたんだろうか。以前の部署でそういう役割だったから、そういう準備をするのが習慣だったんだろうか。

僕がちゃんと準備をしていれば、自然と司会は僕がすることになっただろう。しかし、A君はそれをわかっていた上で、念のために自分も準備をしていたのである。

その後も、A君の仕事はいつも容易周到なもので、たとえば重要なプレゼンの時の資料や下調べはいつも完璧であった。対して、僕はといえば、プレゼン中に用意した資料の中に間違いを見つけたり、下調べが不足していて相手の指摘に答えられなかったりということが、頻繁とはいわないまでもちょくちょくあった。

そして、A君はその後、取締役になった。

今では既に雲の上の人だけれど、またいつか宴席で一緒になることがあれば、あの時のことを尋ねてみたいと思っている。なぜ司会の準備をしていたのか、と。

きっと、彼にとっては当たり前のことで、そんなことなど覚えてもいないだろうけど。

さて、この話はひとつの印象的なエピソードに過ぎないけれど、僕がいつもやや理想的なことを求め過ぎる、クリエィティブな解決を探すことに重きを置き過ぎているという傾向は、確かにあったのだ。

その頃の僕は、求められた課題に対して、まず大きくわくわくするように考えてみる。そして、それに固執することによって、いくつかのことは達成してみせた。もちろん、たいていの場合は現実的な解決、並の結果にいやいや着地したのではあるけれど。

それでも必要なことに目配りをして、やるべきことをきちんとしていれば問題はないし、会社に大きな利益をもたらすこともある。

しかし、そういうことに固執するあまり、アイディアで頭をいっぱいにして、他のやるべきことに手が回らなかったり、日々の実務面がおろそかになったり、ましてやそれを他のスタッフに求めるようになると、当然のことながら弊害が生まれる。


実際、最初にあげた僕のちょっとしたふたつの成功例だが、どちらも一過性の成功に過ぎなかった。

『大北海道市』についてはテレビをいつもアテにできるわけでもなかったし、『ハンドメイドドルアー・バス釣り展』は1回の開催で終わってしまった。また、『ハンドメイドルアー・バス釣り展』は、収益に比して担当者である僕が強いられるパフォーマンスの総量が大き過ぎた。事実、僕が催事の担当から離れた翌年からは、空きになっていたその会場がなくなったこともあって、開催されることはなかった。

僕は、決して『ハンドメイドルアー・バス釣り展』を理由にして他の業務の手を抜いたわけではない（ちょうどその催し準備で駆けずり回っている頃、翌年の全体の催事計画の立案と予算割をしなくてはならなかった）、少なくとも僕は、私生活の大きな部分を犠牲にした。

僕が辞めた後、あの催しをしたいということで会社から連絡があったが、他の誰かが僕のような苦労を背負えるとも思えず、僕がやったことをリアルに申し上げたら、やはり諦めたようだった。

ともあれ、いくつかの成功例もあって、僕はいつの間にか「クリエィティブ」であることこそが、最高にクールで価値のあることであるように思っていた節がある。

僕の理想の姿は、「一休さん」のように、皆が困っている問題を意外な方法で解決する、あるいはアドバイスをするということであった。

確かに、「クリエィティブ」な方法がビジネス上の課題を解決することもあるし、普通に考えても解決策がない場合、あるいはまったく新しい製品を出す場合などは「クリエィティブ」な思考方法が必須となる。だが、たいていのビジネスの現場では、「クリエィティブ」な戦略や解決策は、ないものねだりに似てリアリティに欠けがちであるということも、僕は肝に命じておくべきだった。

また、「クリエィティブな解決策を求める」ということは自分にも課したが、上司や経営者もすべからくそうあるべきだと強く思っていた。

結局のところ、窮地にあった会社はリストラと営業の仕組みを大胆に変えることで、僕の辞職後に業績回復を達成した。

当時の僕は、会社の危機対応策は引き算に過ぎない、その先に何があるのかと思い、興味もなかった。しかし、今思えば会社のとった戦略はロジカルシンキングに導き出された解答であり、しかもそれを大きなスケールで大胆かつ着実に実行したことによって成功したのである。

百貨店業界に有名な話がある。

小売業の本筋は、自前で仕入れて自前で販売することにある。現在の百貨店の問題のひとつは、いわばそれをほとんど放棄してしまったために起きていることだ。

店舗の大部分の売場は自社で仕入れて自社の販売員が売るのではなく、ブランドショップを入れたり、「消化仕入れ」といって商品を借りてきてそれをメーカーから派遣された販売員に売ってもらう。しかし、そうした経営をしている限り、百貨店の抱えるリスクは少ないが、仕入れや販売のノウハウは蓄積せず利益率はどんどん低くなっていく。

こうした百貨店業界の現状の中で、トップが「自分たちの新しい店では自社による買い取り商品の売場を他に例をみないほど大規模にするのだ」という決断をして、現実に実行した百貨店があった。

英断だと思った。僕らは息を呑んでその英断の結果を見守ったが、この大胆な試みは失敗した。その百貨店には、自前で仕入れてそれを売り切るような力を短期間で育て上げることができなかったのである。

当初から、その決断はあまりに楽観的で、人間の能力を過信しているのではないかと心配されていたのだが、まさにその通りの結末になった。

その百貨店が目指した方向性には胸躍るものがある。人間の能力に対する期待と楽観、百貨店という小売り業態のあるべき理想があった。しかし、答えはその方向にはなかったのである。


僕は、会社が営業改革を進めている時、なぜネット販売に力を入れないのだろうかと思っていた。「クリエイティブで未来の変化を見据えた」経営者ならば、その方向に力を入れて先駆者になればいいのにと。

ちょうど時代はEC（電子商取引）の黎明期で、楽天も数あるショッピングモールサイトのひとつに過ぎず、ZOZOタウンはまだ存在していなかった。辞職した後でも僕は、「やはりあの時会社は楽天やZOZOタウンのようなものをつくるべきだった、それができなかったのはトップに未来を見通す力がなかったからだ」と思っていた。

けれども今、もう少し冷静に考えてみると、それもないものねだりだったのかもしれないと思う。

まだ、ネットでファッションが売れるのかと疑問視されていた時代だったが、ひょっとすると経営者はそのパイの拡大を予見していたかもしれない。だが、現実にはネット関連の新規事業は、大企業が取り組むには制約事項が多過ぎたのである。

ネット関連の新規事業を軌道に乗せて、同じようなことをやっている競争相手に勝ち抜いていくためには、いろいろな意味でぎりぎりの戦いを強いられる。そこでの戦いには、百貨店という一部上場企業にはどうしても躊躇するような、グレーな面もあるかもしれない。そこに大企業が入っていっても、承認のシステム、スピードなどの面からも、ベンチャー企業にはとても太刀打ちできない。僕のいた百貨店があの時、その決断をしていたとしても、おそらく成功には至らなかっただろうと思えるのである。

一般に、多くの会社がその課題を解決するための方策は、奇手妙手や理想的過ぎる方向にはない。ビジネスの戦略策定の基礎は、あくまでロジカルシンキングと確実な実行力にある。そして、人事異動の司会のようなありふれた行事をそつなく進めていく日常的感性のようなものも必要とされているのだ。

ビジネス書を読めば、「クリエィティブ」の大合唱である。

とんでもなくクリエィティブなスティーブ・ジョブスは、確かにめちゃくちゃ格好いい。一休さんの活躍にも、惚れ惚れする。また、人間の可能性と明るい未来に賭けて、大きな理想を描くことには、わくわくと胸踊るものがある。

もちろん、ビジネスの世界では、場合によっては奇手妙手が奏功することもある。けれども、少なくとも大きな組織で働く時は、クリエィティブである前に押さえるべきことがあるのだ。押さえるべきことの前にいつもクリエィティブであろうとしていた僕は、いわば「クリエィティブな病」とでもいうものに冒されていたようにも感じるのだ。

もし、あなたがアイディアマンと呼ばれることに誇りを持っているなら、僕のような迷路に入らないように注意しておいた方がいいと思うのである。

僕の後悔11●周りからの評価を得るために長時間働かなければよかった

催事企画担当課長だった頃、僕はめちゃくちゃハードに仕事をした。

毎日、3、4時間ぐらいしか眠る時間がなかった。休みもなく、あっても1カ月に2回程度。とにかく時間が足らず、深夜、帰路の電車の中でラップトップ・パソコンを広げることもあった。

確かに、峻厳な上司のせいもあったが、半分は自分自身が原因でそういう事態になっていた。売上数字のフォローや予算の調整だけで、業務時間がほぼすべて失くなってしまう。しかし、僕はそれに飽き足らず、新規の催しを部下に企画させるだけでなく、自分でも企画を立てた。

新規の催しはとても手間がかかる。仕事の内容は、コンセプトづくりから予算取り、出展者との交渉から営業部へのつなぎ、その他細かな調整などである。まったく新しい催しを半期にふたつでもすれば、大変な時間がかかり途中からはかかりきりになる。そして、その分はほぼまるまる時間外の業務になってしまうのだ。

僕はそれをわかっていて、そうせざるを得なかったのである。その結果、休みはとれず毎日残業で、期末にはさらにひどい状態に追い込まれた。

なぜ、あれほど狂ったように働いたのだろうか。

第一に、できる人間だと思われたかったからだ。僕には強い劣等感があり、友人や同期の中で軽んじられているような意識をいつも持っていた。それを払拭して、同期のライバルたちに僕のことを認めてもらうためには行動で、あるいは仕事の量や成果を示す以外に手がないように思えた。また、劣等感以上に負けん気も人一倍強い僕は、みすみす負けたくはなかった。

第二に、いい人間だと思われたかったからだ。劣等感が強いということは、嫌われたくないという思いにもつながっていた。誰かに頼られると、劣等感が薄まるように感じるのだった。だから何かを頼まれると、ついついイエスと言ってしまう。イエスと言うと、もちろん仕事はどんどん増えていく。本来そのポストの職務範囲外と思えることでも、頼られると嬉しくなって受けてしまう。難しいことでも、本来相手の仕事であるはずのことでも、頼まれればイエスと言ってやってしまうのが、僕の自負のようになってしまっていた。

第三に、会社の売上の大きな部分を担っていて、その責任が重くのしかかっていたからだ。百貨店は経営的に厳しい時期で、僕には日々の日銭を1円でも多く稼ぐ方法を考えなければならない責任があった。それができなければ、会社の仲間たちに辛いことが降りかかることがわかっていた。だから、何とか自分の役目を果たし、ちょっとでも増収に貢献することによって、ひいては仲間たちのために役立ちたいと思った。もちろん、それは自分の家族の将来にも関わっていたのだけれど。

しかし、そうやってめちゃくちゃな働き方をしても、さほどいいことは起きなかった。与えられた仕事を立派にやり抜いた自信はあるけれど、あくまで自転車が倒れないように汗をかいて漕ぎ続けただけの話だった。

結局、会社はリストラを行い、その後大きな営業改革や人事制度の改革を断行して、利益の出る会社に生まれ変わった。

僕があの時、身を削るようにして働いたことは、今から考えると、ほとんど意味を持たなかった。

僕は日銭を上げることに貢献したが、本当に必要だったのは根っこからばっさりすべてを変えることであって、僕のレベルで売上を上げることではなかった。

僕が必死に支えようとしていた催事企画の部門は、皮肉なことに、必要悪のような部門だと位置づけられ、一連の営業改革の中でばっさりと切られて縮小した。

僕はそうやって、本格的に会社を立て直す時に切り捨てられるような場所で、死に物狂いで1円でも多く利益を、と働いていたことになる。

改革の中で僕の部門が切り刻まれる時には心から赤い血が噴き出したが、それほどまでにその仕事にコミットしたのは何のことはない僕の方であった。


悲しい話ではある。

もちろん、家庭の方は、完全にほったらかしであった。毎夜、家に着くのは11時過ぎ。妻には話したいことがいっぱい溜まっているが、僕の方は疲労困憊してとても妻の話を聞く元気がない。最低限のニュースを見て、黙ってご飯を食べて、一刻も早く寝たいだけだった。

娘たちと話す時間ももちろんない。たまたま次女と車でふたりきりになったことがあったが、お互い話すことがなく完全な沈黙状態となった。その後、次女は僕とふたりきりになることを嫌がった。

当時の家庭の雰囲気を書くのはさすがに気が重い。あえて思い出さないようにしているので、ほとんどその詳細は覚えていないのだが、その頃何ヵ月ぶりかに妻とふたりで行ったある行楽地の施設で、案内に不備なところがあった。その時、僕はなぜか無性に腹がたち、ふたりで事務所に怒鳴り込んだことがある。今となっては本当に恥ずかしい思い出だが、普通なら問題にならないようなことでもそんな風になってしまうほど、僕も妻も精神的に追い込まれていたのだった。

会社でも、急に泣けてきたり、あるいは自分で招集した会議で出席者の名前がすぐに出てこなかったらどうしようととても不安になったりした覚えがある。

当時、医者にかかっていたら、うつ病と診断されていても不思議ではなかっただろう。

そして、そういったことがあってしばらくして、僕は退職を決めたのだった。

今の僕は、退職したことについてまったく後悔してはいないが、当時、あのままのペースで働き続けることはおそらく無理だっただろう。

仕事を頑張っている会社員のほとんどは、課長などの中間管理職になった頃、そういう「働き過ぎ」の季節を経験するのではないだろうか。

自分が会社を支えているという矜持、負けたくないという競争心、嫌われたくないという恐れ。そういったものに追い立てられて、限界まで頑張ってしまうのである。人によっては、ストレスから、突発性難聴などの病気になってしまったりもする。

そして、ようやくそのペースが続かないことに気がつくのだ。

働き過ぎという状態が長く続き、それが常態化してしまうと、自分は強いと思っていてもココロはどんどんすり減ってしまう。わくわくするようなことがなくなり、不注意によるミスが増えて、理由なく泣けてきたりする。

そして、正真正銘のうつ病になる。

僕の場合は、幸いにもうつ病になって病院に行くほどではなかったが、実際のところ、仲間の何人かはうつ病になってしまった。


繰り返すようだが、会社人生というゲームは長距離走のゲームなのだ。何十年という長い期間を走り抜かなければならない。月並みではあるけれど、健康でいること、家族との関係が良好であることがすべての基礎だ。


僕の経験上、いくつか伝えておきたいことがあるとすれば、こういうことだ。

働き過ぎている状態はあくまで異常事態であると自覚し、いつまでも続けることができるなどと思ってはならない。自分だけは大丈夫と思っていても、働き過ぎは確実に精神を病む。病まないまでも、創造性を奪って仕事の質を落とし、やがてはアウトプットのクオリティを下げてしまう。

仕事だけでなく、家族とのコミュニケーションに時間がとれないことも、人生の質を大きく減じる。

繰り返すが、働き過ぎている、頑張り過ぎている状態は異常事態なのだ。

長い間会社で働いていれば、止むを得ずそうなる時もあるだろう。そこが頑張り時という時期は必ずあるものだ。けれども僕のように、「そうしなければ負けそうな気がして落ち着かない」というような精神状態になってしまうのはとてもまずい。

人間とは弱いものだ。他人に認めてもらいたいために、いったん「とことん頑張る」とか「できそうもないことでもやってしまう」とか「いつも頼りになる」といった評判を得てしまうと、あるいはそういう風に考えてもらっていると思ってしまうと、それを自ら否定する行動はとりにくくなってしまう。

そうして、本当は正常な範囲内に仕事を減らすこともできるはずなのに、自ら進んで異常事態を招いてしまうのである。

ビジネスを続けていれば、異常事態が起きてしまうのは、止むを得ないだろう。だが、それが異常事態であることを認識して、なるべく早く終わらせるように努力しなければならない。でないと、異常であることを気づくために、病院のお世話になるというようなことになってしまう。

あなたは、自分の仕事を手いっぱい抱えていても、頼まれた仕事を断ったら会社が困るに違いなく、やらざるを得ないと思ってしまうかもしれない。どんな会社でも、質の高い、あるいは大量の仕事を遂行する能力を持つ人材は少ない。その結果、いつでも少数の人間にたくさんの仕事が集中する。

しかし、それを断ったところで本当に会社は困るのだろうか。あなたが断った仕事は誰か他の人のところにいく。上司はそれを不安がるかもしれないが、仕事を振られた者はそれを何とかこなして成長することだろう。

会社とは、そうやって人が育ち、継続的に仕事が回っていくところなのだ。

また、仕事を断ったことで自分の評価が下がると心配になるかもしれないが、会社の評価とは、誰よりも長時間働くことにあるのではなく、それを遂行する能力を評価しているに過ぎない。手いっぱいの状態なら、それを断ったところで評価はいささかも下がらない。

というわけで、早い段階で断ることに慣れておけば、将来にわたって無理をしないですむようになる。誰よりも長時間働き、誰よりも素直に仕事を受けることを、あなたの「強味」としてはならない。それを社内でのゲームの前提にしてしまうと、いつかあなたは必ず破綻する。最悪の場合、過労死という結末を迎えかねないのだ。冗談ではないのである。


あなたは仲間の誰もリストラされないように、部下のために、好きな上司を喜ばせるために、家族のために、身をすり減らして頑張り続けているかもしれない。自分が頑張らなければ大切なものが守れないのだと。

だけど、あなたが会社のすべてを背負っているのではない。どんなに重要と思われるポジションにいようと、組織における個人の影響力は限定的だ。

たとえば、狂ったように仕事をした僕の場合、その担当分野そのものが大幅に縮小されてしまった。確かに日銭を稼ぐとか、現実にあるもので稼ぐという意味では、僕がやっていたことは正しかった。ただし、その範囲内において正しかっただけで、会社にとって本当に必要だったのはその分野そのものを縮小することだった。結局のところ、僕は僕で頑張ったが、今から思えば、それは僕の健康を損なってまで頑張る必要のないことだったのだ。

そもそも、社会や経済の情勢が、会社の経営陣が、あるいはただの運が、自分の現在の状況を生み出しているのである。

自分ですべてを背負って何とかしようとしても、どうしようもない部分は大きいのだ。結局のところ、どれほど頑張っても、なるようにしかならない。そして、なるようにしかならなくても、自分にとっても、心配している誰かにとっても、たいした影響はないのだ。会社を去った人たちにも仕事はあるだろうし、貧乏になったところでそれが原因で死ぬわけでもない。それでいいのだ。

僕が抱いていた仕事のイメージ。

アメリカンフットボールのあるランニングバック。

ラン攻撃の度に、クォーターバックは彼にボールを渡す。

彼は渡される度に、まっすぐに突進する。毎回、2ヤードぐらい稼いで、相手チームに引きずり倒される。

2ヤードのランを4回繰り返してもファーストダウンをとれるわけではない。しかし、確実に2ヤード稼ぐために、彼はいつもボールを渡される。

彼のユニホームは突進する度につかまれ破れてボロボロになっていく。そして、彼の身体も。

でも、彼は、ボールを渡される度に、突進する。全力で。


これが僕が抱いていた仕事のイメージであり、僕の役割であり、僕の美学だった。

そして、それは間違いなく破滅に至る道であった。

頑張り過ぎることを続けていると、皆が不幸になる。

そして、もちろん会社人生というゲームでも敗者となる。

そもそも、誰にも負けないために、それほどまでに頑張らなければならないと感じているとすれば、どちらにせよ負けてしまう。

ありきたりだけれど、健康でいること、そして長く走り続けることが、一番大切なことなのだ。

もし、僕がもう一度会社人生をやり直せるとしたら、大学時代にやっていたアイスホッケーを続けただろうと思う。

アイスホッケーはチームスポーツだし、リンクも必要なので様々な制約がある。大好きだったのに、僕がホッケーをやめてしまった理由は、ホッケーをやっていてもプロになれるはずもなく、自分が何者かになるためには、そう、何者かになろうとしていたので、そんなことに費やしている時間はないと思ったのだ。

けれども、当然ながら卒業後もホッケーを続けている先輩後輩は多くいて、彼らは今でも社会人チームで楽しんでいる。

1日24時間の中で、ホッケーに2、3時間も使ってしまうと、確かに他にしたいことをする時間はなくなってしまう。しかし、30年とか40年の間には、ホッケーを楽しむ程度の時間は、たっぷりとあったはずである。

僕はホッケーを続けるぐらいの余裕を持つべきだった。

もし、ホッケーを続けていたとすれば、週に1回か2週間に1回は夜の練習に参加して、1ヵ月か2ヵ月に1回は試合に出ただろう。試合に向けて、家でひとりでランニング程度のことはしたかもしれない。

仕事が忙しくなれば、1ヵ月とか2ヵ月リンクに行けないこともあっただろうけど、たまに氷の上に乗ると自分の体力がどれほど落ちているか思い知ることになっただろうし、働き過ぎて健康を損ないかけている状態に改めて気がついただろう。

「生涯スポーツ」と言うと、何かシニアのスポーツをイメージしてしまうけれど、働き盛りのミドルの時にも「生涯スポーツ」の意味は大きいと思う。会社の仕事に没頭している時に、心と体のバランスを取り戻す契機になり得るからだ。

アイスホッケーはかなりハードなスポーツだけれど、いまではシニアの中にもかなりやっている人がいる。アメリカの国務長官ケリー氏もそうだという話を聞いたことがある。

僕の知人に、ずっと剣道を続けている人がいる。

実をいうと僕は40歳を超えて会社を辞めてから、やはり何かスポーツをしなければと思い立ち、彼に憧れて剣道を習い始めたことがある。

剣道というスポーツは何歳になっても続けることができるし、歳をとっても背中はしゃんと伸び、反射神経もある程度保てる。素晴らしいではないか。

僕は大いなる決意を持って、近くの剣道教室の門を叩いた。

しかし、子どものための剣道教室は中年のおじさんにはきつく、とても続けることができなかった。剣道をしていた知人は、「大人向けには大人向けの指導があるんだ。子どもたちは不死身だから一緒にやるのは無理だよ」と慰めてくれた。

何歳からでも新しいスポーツはできるはずだが、それぞれのスポーツにはそれなりの壁があって、歳をとってから始めるには相当なエネルギーが必要になってくる。

僕は剣道を一生のスポーツにしよう、そこで知り合う人たちとの交友も楽しもうと思っていたのだが、残念ながらそれはかなわなかった。

冬季オリンピックの度に続けていればよかったなと切実に思う僕には、やはりアイスホッケーがよかったのだろう。

ともかく、何かのスポーツを、仕事に脂がのっている中年期であっても楽しむ余裕を持ちたい。そして体力だけでなく、そこでの人間関係、会社とは関係のない人たちの集まりでの交友を維持する。

スポーツは、身体の健康だけでなく、精神的にも会社から一歩離れて自分を見ることができるという点で非常にいい影響を及ぼすのだ。バリバリ仕事をこなしながらも、スポーツに時間を割くぐらいの余裕を持つ。それが、できる中間管理職の理想的な姿ではないだろうか。

仕事を頑張ることは大事だ。自分の限界のギリギリまで頑張らなければ、次のステージに行くことはできない。そして、ゲームに負けてしまう。

だけど、頑張り過ぎている状態をいつまでも続けるのは最悪だ。いつか破綻することは目に見えている。

心身ともに健康でいること。健康でいるための何かを、自分の生活の中にビルトインしてそれを止めないこと。

長い目でみると、それがゲームで勝利するための近道なのである。

僕の後悔12●同期が先に昇進したことを笑ってやり過ごせばよかった

ゲームには勝敗がつきものだ。そして『会社人生』という長期戦のゲームでは、最終的な勝敗が決定するまでに、いくつもの局地戦での勝敗がある。そして、ゲームに参加している以上、それは否応なく経験せざるを得ないのだ。

最初の何年かは一線で並び、ほんの少しボーナスが違う程度だ。だが、やがて同期のうちの何人かは他より昇格や昇進で後れをとる。というより、会社は意図的に差をつける。

そして、徐々に先頭集団の人数が減っていき、10年くらい経つと先頭集団の中から2、3人の第一次選抜の勝者が生まれる。

その時に、後れをとった者たちは、いったいどんな気持ちになるのだろう。若い頃の僕は会社の人間関係にも疎く、そういった想像力はあまり働かなかった。

そういうことを最初にはっきり意識したのは、同じ部署にいた同期入社の友人が、当時の課長と部長の関係を指して、あれをみろよと言った時だった。

その時、僕らの上司の課長は部長と同期入社の人だった。

課長は部長のデスクまで資料を手に話をしにいく。座ったままの部長に資料を渡し、机の傍に立って返事を待つ。課長は部長に敬語を使い、部長は課長の名前を敬語なしで呼ぶ。

部長が尊大な人だったわけではない。礼儀正しく、皆の尊敬を集めている立派な人だ。それはわかっていた。部長の方では、若い頃と同じ話し方をしているのだが、課長の方が上司と部下になった時点から敬語を使い始めたに違いなかった。

僕の目には、ふたりの関係で特にぎこちない様子はなく、課長は見事にその立場上の役割を演じ切っているように思えた。

その課長は、ちょうど『七人の侍』の久蔵のような寡黙な仕事人といった佇まいで、組織人としてその役割を黙々とこなしているようだった。

同期の友人に言われなければ、僕はふたりの関係に対して何も違和感を覚えることはなかっただろう。だが、言われてみれば確かに、部長と課長は十数年前に同じ大卒の新入社員として入社し、「俺、お前」で酒を飲んだ仲のはずであった。

今では、事務所でも仕事後に飲む時でも、課長は「さん」をつけて敬語で話す仲になっている。

僕の同期の友人は、わざわざこう言ったものである。

「ここにいる俺たちも、いつかああいう関係になるんだ。俺は課長みたいにはなりたくない」と。その時、その部署には同期入社の連中が僕を含め4人いた。

日本刀のようにギラギラした野心を持ち、会社を良い方向に変えたいと思っていた同志だった。よく飲みに行っては、会社の将来について喧々諤々《けんけんがくがく》と青臭い議論をしたものだ。

しかし、この4人は遠からず差がつけられ、誰かが誰かを敬語で呼び、決済をもらいに頭を下げにいくことになる。それは同じ会社にいる以上、不可避だった。

何気なく見ていた部長と課長の光景が、僕らの未来を示しているのだと気づいた時のショックは大きかった。

ある時期になると昇進に差が出てくるのは、普通の会社では当たり前のことで珍しいことでも何でもない。けれども、同期に差をつけられた時の辛さについては、あまり語られることがない。

国家公務員なら、出世競争に負けたものは、同期との摩擦を避けるために天下り先が用意される。けれども、一般の会社ではそれは日常茶飯事に行われていることで、誰もが普通に受け入れていることらしかった。

しかし友人が言ったように、その時点では、4人のうちの誰も課長のように振る舞える覚悟など持ち合わせていなかったのである。

先日、たまたま知り合いになったある会社の若い人が、僕が社内での出世ゲームに負けたことを話すと「なぜそこまで気にするのかわからない」と言っていた。

「なぜそんなに、同期に負けたことが気になるんですか?」と彼が尋ねる。

「なぜって……。死にもの狂いで戦ったからだよ。僕の全存在を賭けて。多くのものを犠牲にして、何年も何年も仕事一途でやってきた。誰かに負けたくなくて。皆から一目置かれたくて。それが、僕の人生だったんだよ。あれほど狂ったように働かなかったら、僕ももっとすんなり受け入れることができたかもしれない。でも、どうしても受け入れることができなかったんだ」

この話題は、実のところあまりに滑稽だ。なぜなら、冒頭いったようにゲームには勝敗があるのは当たり前のことだから。しかし、滑稽ではあるのだけれど、差をつけられた当事者、それも自分なりに頑張って働いてきたという自負がある者にとって、実際には血と涙を流すような苦痛を覚えるものなのだ。

ある時、上司が僕にわざわざこう言ってくれたのだった。

「もし、今回、A君が先に昇進したとしたら、お前は大丈夫か」

その頃、僕は隣の部署にいる彼と張り合うように、死にもの狂いで働いていたのだった。

それは上司の精一杯の優しさであった。僕の実力や実績が彼に並ぶものではなかったことは、人事や上層部には明らかだったはずだ。だが、僕が彼に遅れるという宣告を何のケアもなしにしてしまうと、僕ががっくりして今後の仕事に対するモチベーションを損なうかもしれないと、上司は考えてくれたのだった。もちろん、上司は僕の返答に興味があったわけではなく、事前に告げることによって「残念ながらお前は遅れるけど、見苦しい様子は見せるなよ」と暗に言いたかったのだろう。

僕はすべてを察して、答えた。

「もちろん、大丈夫です。やつには勝てませんから」

そして、すべてを飲み込んだはずだった。

自分のことを冷静に見られるところもある僕は、そうだとしても止むを得ない、オレはこの会社で彼に勝つことはできないと、感じてもいたのだった。

けれども、それが現実のものとなった途端、ゲームの緒戦で負けたという事実が、胸の中でどんどん重たくなり、死にもの狂いで働いた日々はすべて無意味だったのか、というどうにもこうにも消化できない石のようなものとなっていった。

上司は気をつかってくれたが、実際のところ、人事から漏れ伝わる僕の評価は彼に遠く及ばなかったらしい。そして、そのことは自分でもある程度わかっていたはずなのだ。

彼の方が頭が良く、社内の人脈もはるかに広く、重要なポストを長い間任されて、いつも上層部から頼りにされていた。彼は、僕と違って入社初日からゲームに没頭した。会社のクラブに加入して人脈を広げ、オレは負けない、出世すると公言していた。

片や、僕がレースを本気で走り出したのは、入社して10年経ってからだったし、会社というゲームに注意を払うよりも、自分のやり方、考え方に固執した。部下を守ることには熱心だったが、上司や上層部に自分を売り込むようなことはできなかった。

ここまで述べてきたように、僕は組織人として欠陥だらけだった。負けたのは当然の成り行きだった。にも関わらず、目の前の現実を呑み込めないのはなぜか。自分でもわからなかった。

会社というゲームでは彼には勝てず、他の多くの同期にも勝てず、その理由もある程度はわかっている。であるなら、同期のライバルたちに出世で遅れ、やがて彼らを敬語で呼ぶことになる。それが誰の目にも明白な運命であって、それを受け入れる他ないではないか。それがゲームのルールというものだ。

「仕事でも人間性でも、俺はお前より上だ」

この言葉は、僕より先を行ったある同期が僕に向かって吐いた言葉だ。あまりに印象的だったので、今でも忘れることができない。

ただし、彼がこの言葉を僕に向かって言う前に、僕がやっかみで彼に何かひどいことを言ったのかもしれないし、それ以前に僕がその原因となるわだかまりをつくりそれが積み上がっていて、そういう言葉になったのかもしれない。

しょせん、記憶のはっきりしない深夜のスナックでの一幕だから、それを言った彼のことを一方的に非難するのはフェアじゃないとわかっている。わかっているが、その言葉はあまりに鮮烈で、僕の脳裏に焼きついた。

いったい、いつから会社での評価と人間性がイコールで結ばれるようになってしまったのか。仕事上の会社の評価が妥当なものとしても、それとは別に独立した人間としての自分の価値があるはずなのに、それを自分でも感じられないのはなぜか。

何年もの間、会社にすべてを捧げて死にもの狂いで働いていた間に、自分は何か大切なものを失ってしまったのではないか。

確かに組織人として欠陥だらけだったとはいえ、これほど努力しても自分の価値が見つけられないということは、そもそも自分の居場所を間違えていたのではないか。

結局、僕はそのことを引きずったまま会社を辞めた。

だから、どれだけ頑張っても、どれほど自分の生活を捨てて会社のためにつくしても、同期や後輩を上司にいただくことになった他の仲間たちの本当の気持ちはわからない。

したがって、僕が本当はどうすべきだったのかということは、あくまで想像の話にしか過ぎない。

けれども、ひとつだけ明らかなことは、僕が課長だった頃のように、第一次選抜でレースを先行する者が現れるが、そこではまだ出世ゲームの勝敗は決まらないということだ。

第一次選抜に入らなくても二番手グループにいれば、まだまだ逆転は可能なのだ。もっといえば、三番手グループに位置していてもひょっとして可能かもしれない。この世の中に、絶対ということはないのだ。将来の勝敗は、本当は誰にもわからないのだ。

僕には同期入社の同僚が何十人もいたが、現実にそういうことが起きている。

何度もいうように、ゲームは短距離走ではなく、マラソンだ。先頭集団を飛び出したものが、最後までそのまま逃げ切る保証はまったくないのだ。

その後、とても偉くなった上司は、いつもこう言っていた。先頭ランナーである必要はない。先頭を走ると嫉妬に足を引っ張られたりして、かえって危険だ。ずっと、二番手グループくらいにつけているのが結局は有利だと。

相手は、体力を使い果たして落ちてくるかもしれず、あるいは現実のマラソンそのままに転倒したり、コースを間違えてしまうことだってある。先に何が起きるかはわからない。だから、あなたはあまり深刻に受け取る必要はないということを肝に命じておくべきだ。ゲームはマラソンで、逆転は可能なのだから、チャンスはまだまだあると思い、淡々と自分の役割をこなし続ける。たまたま、同一部署の上司部下となったとしても、部下の役割を完璧に演じる。

会社が求めているのはそういう態度であって、一度の負けで諦めて走ることを止めてしまうことではない。

そんなゲームの結果に興味などないという風に装って、先行する同期を笑って祝福し、自らは変わることなく前を向いて走る。自制心でそれを見事に演じきることができれば、組織人としての評価も上がるはずだ。

人間には様々な感じ方がある。

人によっては僕がそれほどの挫折感を抱いたことを不思議がるかもしれない。また、人によっては会社の評価に自己評価を揺るがされることなく、変わらず努力を続けることができるかもしれない。

しかし、僕のように、劣等感をバネに、私生活を犠牲にし、健康や趣味を犠牲にし、ワークライフバランスを大きく欠いた状態で長期間会社一筋に働いてしまうと、努力が報われなかったという思いが大きく募ってしまうのである。

必死で頑張ってきたものほど、会社の評価を受け入れることが難しくなってしまう。しかも、彼我の差はたいてい売上数値などの客観的な指標として明らかになっているわけではないから、自分の何が悪かったのかと疑心暗鬼になってしまっても不思議ではない。

ところで、先に述べた僕の同期の4人のその後の運命はこうだった。

ひとりは、まだ若い頃に会社を辞めて父親の経営する会社に入り、やがて起業した。彼はワインの話題のところで紹介した男だが、現在はカルチャー事業を手がけ、ヨーロッパを飛び歩いている。

ひとりは、42歳まで会社にいて、辞めて自分で商売を始めた。僕のことだ。

ひとりは、50歳半ばまで会社にいて早期退職で最近会社を去った。彼こそが、部長と課長の光景をみながら、課長のようにはなりたくないと僕に話した友人だ。

そして、残るひとりは今も会社にいて、役員になっている。

既に辞めてしまった僕ら3人は、組織人としてはどこかバランスを欠いていた人間だったように思える。そして3人とも、たったひとりが先に行くことを、簡単に呑み込んで忘れてしまえるような人間でもなかったのである。

そしていま

都合18年、僕はひとつの会社に勤めた。

大学を卒業した24歳の時1983年（昭和58年）から、42歳の時2001年（平成13年）までの18年間の会社生活だった。

百貨店の催事のB to Bサイトで起業するんだと宣言して、僕は会社を辞めた。

直前に、会社は50歳以上を対象とした早期退職の募集をして人員削減を行っていた。僕が辞めることについても「レット・ヒム・ゴー」、どうぞご随意にということだった。

会社は退職金として1000万円を超える額の金をくれた。有難かった。

18年もの間勤めた会社員として間違った上、起業の出だしでも僕は間違えた。

大阪の北浜にエレベーターもない小さな事務所を借りて、スチール机をふたつ置き電話とインターネットの回線を引いた。

最初から妻に一緒に働いてもらうつもりだったから、妻をブランドショップに連れて行って、就職活動をしている女子大生の着るようなスーツを彼女のためにひとつ買った。しかし、僕のプランはあまりに実現の可能性が低かった。必ず成功させるという自信もなく、虎の子の退職金を溶かしてしまう危険さえあった。

まだ学生の娘がふたりいて、マンションのローンもほとんど残っていた。

次に考えたのはエスニックショップで、堺に店舗物件を見つけそこで開業しようとした。既に退職後半年が経過していて、無為な日が一日一日と過ぎていき、資金は少しずつ、しかし確実に減っていった。

とにかく何か始めなければならない。家賃は想定より高いが、早く商売に取りかからなければ何のために思い切って退職したのかわからない。

家主に手付金を打つと連絡してアポまで取ってから、やはり心配になった僕は大阪府の起業相談窓口の予約を取りつけた。ちょうど、手付金を持って契約に行く日の午前中のことだ。

借りようとした店舗はかなり広く、在庫と内装にかなりの金額が必要になりそうだった。もし、その店舗に数百万円突っ込んでしまえば次はない。エスニックショップのプランと店舗図面を広げて、起業相談にのってくれたコンサルタントに事業計画を説明した。

そのコンサルタントはじっと話を聞いた後、開口一番「止めておきなさい」とはっきりと断言した。そんな広い店舗を経営できるほどのコンセプトが固まっていない、必ず失敗すると言われたのだった。

僕と妻はそのアドバイスを素直に受け入れ、その物件を借りるのを止めた。

そして、いよいよ本当に何をやったらいいかわからないという状況に追い込まれた時、四天王寺の露店で売られていた古い着物に巡り合った。それをいまでは一般的になった『イー・ベイ』で売るというアイディアにたどりつき、何とか離陸に成功したのだった。

この商売を見つけるに至った物語はいろいろあるのだが、本書の主題とは離れるのでここでは詳しく述べない。

僕は、思っている。

職業人は、社会に出てから二度死ぬのだと。

一度目は、何ものでもない自分というものを受け入れる過程で。

そして二度目は、40歳の声をきく中年となった頃、やはり自分は何ものにもなれずに人生を終わるのだということを受け入れる過程で。

今回、僕が書いた体験は、一度の死と再生の物語、そして二度目の死の物語だ。

その記憶、その時々に僕が感じた感情は、年を経るにしたがってだんだんと薄れてきている。もし、この本が多くの人々の共感を得られたなら、二度目の再生の物語を書きたいと思っている。そしてそれは、ゲームの降り方に関する物語になるはずである。

僕は会社を辞めて自分で小さな商売を始める道を選んだ。

どうやら小さな商売を立ち上げて継続する資質はあったらしく、また、18年の間に小売に必要な知識も自然と身についていたらしく、古い着物の商売を続けて今年で13年目になる。

いまでは、僕は自分の信じること、お客さんや従業員、取引先のためになると思うことしかしない。とてもシンプルな商売、シンプルな仕事である。

会社には妻と、いまでは次女も参加していて、家族とのコミュニケーションや生活の質も格段に向上した。金銭的にも会社時代よりずっと恵まれていて、動かすお金の規模が小さいということを別にすれば、会社時代より公私ともに満足度の高い生活を送っている。

また、仕事のかたわら始めたブログを3年近く毎日更新を続けていて、こうして書籍にすることができたり、たまにフェイスブックやTwitterを通じて、自分が書いた文章が広く拡散するようになった。会社に勤め続けていれば、僕はブログを書かなかっただろうし、本格的に書く訓練をすることはなかっただろう。

文筆家として生活の資を稼いでいるわけではなく、何かの賞をいただいたわけでもないが、僕自身は自分が感動したり好きになったことを文章として綴り、それが多くの人に読まれることをとても嬉しく思っている。いったん諦めた小説にも、また挑戦しようと思っている。

僕は、いま、ようやく自分にふさわしい道、自分の資質や経験を最大限に活かせる場所にいると感じている。

多くの過ちを繰り返し会社員としての人生は失敗だったと思ってはいるけれど、自分の人生そのものは、本来いるべきところにたどり着いたのだと思っている。

もし、僕が会社で昇格に遅れ始めた時、それを一時的なものとして笑い流して同じような生き方を続けていたらどうなっていただろうか。

もし、引き算ばかり考え実行するような仕事に生き甲斐を見出すことができると思えていたら、どうなっていただろうか。

会社人として、僕がそういうことをできなかったことを後悔はしているけれど、結局僕という人間にそれはできなかった。

僕が退職を願い出た時、会社は僕を引き留めはしなかった。そのことは、会社が僕に下していた評価が、相応に低かったことを証拠づけていると思う。いかにリストラの最中だったにせよ、もし僕が会社にとって本当に必要な人材であったなら、何が何でも引き留めたはずだ。

先の章で、昇格に遅れたとしても気にしないで走り続けるべきだというようなことを書いたが、僕の場合はその後どう振る舞ったところで、方向違いな献身は決して報われることはなかっただろうと思う。

自分の評価を人事から漏れ聞き、退職を決意した僕の判断は正しかったといわざるを得ない。しかし、あのタイミングでそれを知らなければ、僕は自分の道を探しに社外へ出ることもなかっただろう。まさに、あの時が年齢的に自立できる最後のチャンスだったのだ。

それはまさしく、幸せな離婚のごとくであった。

ちょうどこの本を書き始めた頃、僕がいた百貨店の元社長、奥田務氏の『未完の流通革命 大丸松坂屋、再生の25年』という本が出版された。

奥田氏が梅田店の開店や大丸のリストラクチャリングを断行した頃、僕は末端の一兵卒としてその激動の時代を共有することになった。氏が梅田店のコンセプトは失敗だったかもしれないと頭を抱えていた時に、僕はバストイレ用品売場でハナエモリのトイレマットだか何かを店出ししながら売れない毎日を嘆いた。氏がリストラを宣言し実行に移している時、僕は課長から専門課長に格下げされ、椅子から肘掛けが取り除かれたことを嘆いていたのだ。

奥田氏のその本を読めば、ビジネスマンとしての資質に恵まれ（実兄はトヨタの奥田碩元ＣＥＯ）、大学時代に小売業を志して当時日本一の売上高を誇った大丸に入社し、アメリカの大学に留学させてもらった上ブルーミングデールという百貨店で研修まで受けるという、文字通り絵に描いたような恵まれた会社人生を送った人の人生の軌跡を知ることができる。

奥田氏の光溢れる会社人生と、末端で振り回された一兵卒の僕の会社人生。

まさに、光と影だ。

持って生まれた資質と、気持ちの持ち方（マインドセット）の違いで、いかに会社人生が異なる着地点に至るかという好例である。

奥田氏の凄さは、ロジカルに考え抜き、必要とあれば自分が苦労してつくりあげたものも容赦なくぶち壊していく、そのラディカルな実行力にある。

氏の本を読めば、学ぶことは多いはずである。

さて、しかし、僕はこの本を日陰にいる人たち、劣等感を抱き何をしたいのかわからず、この会社には自分の居場所がないかもしれないと思っている、まさに20代の僕のような人たちのために書いた。

認められたいと熱望し、仲間のために何かをしたいと焦り、部下と上司の両方から激しく責められ、家族と会社の間で調整できないスケジュールを呪い、たいして会社から評価されず、それでも懸命に毎日を送っている、まさに30代、40代の僕のような人たちのために書いた。


僕の声がどの程度あなたの胸に届いたかはわからない。

何がしかのメッセージが胸に染みたとしても、あなたは変われないかもしれない。

もし、僕がいまからもう一度、会社人生を送ることになったら、うまくやれるところもあるだろうけど、わかっていてもまた同じ失敗を繰り返すこともあるだろう。

しょせん、それが僕という人間であり、何度歩いても同じ道を歩くことこそが、僕が僕である証でもあるのだ。

あなたにも、きっと変われるところと変われないところがあるはずだ。

そしてあなたの人生も、僕の人生と同じく、歓喜や祝福と過ちや失敗を交互に束ねてより合わせた一本の縄のようなものになるだろう。

禍福《かふく》はあざなえる縄のごとし。

どれだけ過ちと失敗に満ちていても、不幸の後には必ず幸せがやってくる。過ちが、そして失敗が大きければ大きいほど、それは後の前進と幸運を掴むための大きな糧となるのだ。そして、そうやってあざなわれていく縄、それこそが僕の、あなたのかけがえのない人生だ。

あなたが入ったその会社、あなたが戦っているそのゲームに全身全霊をかけて挑戦してほしい。

僕と同じく、確かな夢は見つからず、ピカソやスティーブ・ジョブスやイチローみたいにパッションを注げる対象もなく、つまらないものや冴えないサービスを売っていると思っている、あなたに言っているのだ。

全身全霊をかけるというのは、あなたのすべての時間とすべての体力を現在の業務に注ぎ込み、たとえあなたの大切なもの健康や人間関係を削ってまでもという意味ではない。ここに言葉をつくして書いてきたように、冷静に、能率的に、戦略的に、そして、あなたのつまらない欲求をうまく手なづけながら上手に戦えという意味だ。

そして戦ってみて、やっぱり勝てなかったら、その時は別の道を探せばいいのだ。全身全霊をかけて戦ってみなければ、あなたの本当の資質が、その能力が、わかりようもないではないか。

負けるにしても、人にはそれぞれ自分の個性にふさわしい、様々なゲームの降り方がある。

出世や会社の評価に何とか自分の気持ちをすり合わせて、定年まで会社に残る人もいるだろう。あるいは、僕の大学時代の友達のように、自治会の会長を長くやって、地域の子ども達の世話をすることに最大の喜びを見出す人もいる。

人間は歳をとるにしたがって、徐々に利己的ではなくなっていく。生きがいを感じることができる幅も、若い頃に想像していたよりずっと大きく広がっていくし、また何ものかになりたいという野心も薄れていく。

しかし、である。

たとえば、僕はいま自分がいるところに満足して、牙を収めてしまったわけじゃない。

会社人として失敗して、小さなビジネスオーナーとして、ブロガーとして自分の居場所を見つけたけれど、そのことに満足して歩き続けるのをやめたわけではないのである。

既に55歳だけれど、いまだ自分の与えられた資質や能力を最大限に使って、もっと多くの人々のためになるものをこの世に残していきたいという強い思いを持って、毎日、会社時代とは別のゲームを戦っているのである。

会社でのゲームに負けたところで、人生そのものを諦める必要はさらさらないのだ。

僕は、あなたと同じ道の上にいる。

何年分か、若いあなたより少しばかり先を歩いているだけで、天空の高みからあなたにご託宣を垂れているわけではない。

あなたと同じ道の途上にいて、あなたと同じように、いまだ歩き続けているのである。そして、「後悔した」と書いてはいるけれど、確かに会社人として後悔することはたくさんあるけれど、僕の人生、僕が歩いてきた道を本当に「後悔」しているわけではないのである。

誰かに、ひょっとしたらこれを読んでいるあなたにすら、つまらない人生だなと言われるかもしれないが、これこそが僕が紡いできた僕だけの人生、僕のアイデンティティであり、誰にも打ち倒すことのできない誇りなのである。

組織の中で、今日も苦しみながら生きている幾多の友よ。

ずば抜けた才能も持たず、パッションを注げるものもいまだ見つからず、それでも毎日を懸命に会社の中で生きている友よ。

そろそろ本を閉じる時間だ。

あなたはまだ若い。

決して、僕のようになるな。

まずは、堂々とした会社人になることを目指せ。

成熟した組織人となれ。

偉くなって、何千何万何十万人の人生を左右する人間、たくさんの幸せを届ける人間になれ。

全身全霊をかけて戦え。

中途半端に戦って、敗れるべくして敗れるな。将来、必要とされない人間になるとわかっている道を歩くんじゃない。

万一、その戦いに勝てなかったとしても、全身全霊をかけて戦った者には、それぞれの満足できる人生が用意されていることは、先を歩いている者として、経験者として、僕が保障しよう。

何が何でも、「最高のあなた」になるのだ。


健闘を祈る。

和田一郎（わだ・いちろう）

1959年3月8日生まれ。大阪府豊中市出身。京都大学農学部水産学科卒業。大手百貨店に18年間勤務。42歳で退職し、まだ珍しかった海外向けのアンティーク・リサイクル着物の販売を始める。2003年有限会社ICHIROYA設立。リーマン・ショックを経て現在は日本向けの販売に力を入れている。2012年3月からICHIROYAブログを毎日更新。ハフィントン・ポスト日本版にも転載中。
ICHIROYAのHP：http://japan.ichiroya.com/
ICHIROYAのブログ：http://kyouki.hatenablog.com/

僕が18年勤めた会社を辞めた時、後悔した12のこと

2015年2月10日　初版第1刷発行
2015年7月2日　初版第3刷発行

著者　**和田一郎**
装丁　**河野宗平**
装画　**寺西　晃**
DTP　**山口良二**
発行人　**長廻健太郎**
発行所　**バジリコ株式会社**
〒130-0022
東京都墨田区江東橋3-1-3
電話　03-5625-4420
ファクス　03-5625-4427
http://www.basilico.co.jp

印刷・製本　**株式会社光邦**

ISBN978-4-86238-215-3